LE MEXIQUE

L'EMPIRE ET L'INTERVENTION.

LEIPZIG:

F. A. BROCKHAUS.

—

1869.

LE MEXIQUE

L'EMPIRE ET L'INTERVENTION.

PRÉFACE.

La question mexicaine qui a excité tant d'intérêt dans le monde civilisé passe déjà du théâtre des faits et des passions à celui de l'histoire, où l'entreprise, les moyens de la conduire et sa fin fatale seront jugés par le philosophe et par l'historien. Il importe donc beaucoup, pour le faire consciencieusement comme il convient, qu'on n'oublie pas les diverses phases de la question. Jusqu'à présent, nous avons seulement entendu les appréciations plus ou moins justes des Européens qui ont participé à ces faits sur une plus ou moins grande échelle.

Au moment où l'armée française quittait le sol mexicain, une brochure a paru en langue espagnole dans la capitale de l'Empire mexicain. Nous la reproduisons aujourd'hui en français: car, quoique l'édition qui a été publiée là-bas fût tirée à un assez grand nombre d'exemplaires, et la brochure reproduite dans plusieurs journaux, les exemplaires disparurent tous et il est très-difficile de s'en procurer un aujourd'hui, soit à cause de la distance du pays où la brochure a été publiée, ou bien à cause de la rapidité avec laquelle a été épuisée la première édition. D'ailleurs nous avons la conviction que, par une traduction en français, on pourra plus facilement la faire circuler en Europe.

Nous croyons donc qu'en publiant cette édition, nous nous acquittons d'un devoir envers l'histoire, en procurant à l'investigation historique des ressources pour faire entendre la voix d'un Mexicain qui avait lié sa destinée à l'intervention française et à l'Empire qu'elle avait créé.

LE MEXIQUE

L'EMPIRE ET L'INTERVENTION.

I.

L'histoire contemporaine de France relatera un événement célèbre qui a fixé l'attention du monde politique et que l'Empereur des Français avait qualifié comme *« devant être la plus belle page de son règne »*; je veux parler de l'expédition d'un corps d'armée française au Mexique. — Cette expédition est sur le point de fini, mais ses conséquences dureront bien des années encore et leur appréciation retentira certainement un plus long laps de temps. Ce qui s'est déjà écrit à ce sujet indique ce que l'on écrira par la suite. Mais, comme on s'est beaucoup trompé jusqu'à présent, on s'expose à errer encore si l'on n'a pas une connaissance exacte des faits. On ne peut juger avec exactitude ce qui est mal connu.

L'expédition française au Mexique offre un bien plus grand intérêt qu'il n'y paraît à première vue. Une des plus grandes puissances européennes a entrepris d'améliorer le sort du pays le plus bouleversé du Nouveau-Monde et pour cela elle est intervenue dans ses affaires intérieures. Quel a été l'objet de cette intervention? Dans quelles conditions s'est-elle faite? Quels sont les résultats obtenus? En un mot: L'expédition française au

Mexique a-t-elle atteint le but grandiose que se proposait le monarque français ? C'est ce que nous allons examiner dans cette brochure.

Nous l'écrivons avec des données certaines que ne contrediront pas les documents officiels. Nous l'écrivons pour que l'on sache la réalité sur ce qui se passa pendant les cinq années que dura l'entreprise ; nous l'écrivons pour montrer la vérité sur la conduite du Mexique ; nous l'écrivons enfin pour fournir des matériaux à l'histoire, pour qu'on nous rende justice, pour qu'on ne se serve pas de données fausses dans ces mémorables événements et que l'on n'attaque ni les droits ni l'honneur de l'Empire mexicain.

II.

Le 8 Décembre 1861 apparut dans les eaux de la Véra-Cruz une escadre étrangère sur laquelle flottaient trois pavillons différents. D'où venait-elle et que venait-elle faire ? C'était une expédition combinée par les gouvernements d'Espagne, d'Angleterre et de France. Les commissaires de ces trois puissances étaient accompagnés par un corps de troupes espagnoles, un autre plus petit de Français et quelques marins anglais. Avaient-ils à faire quelque réclamation ? présentèrent-ils un ultimatum ?.....

Les trois puissances susnommées avaient signé un traité à Londres le 31 Octobre 1861 par lequel elles s'étaient promis mutuellement d'envoyer cette triple expédition au Mexique. Sans autre antécédent, les commissaires, par le moyen du chef d'escadre, intimèrent l'ordre d'évacuer la Vera-Cruz. Cet acte accompli, ils se rendirent à Orizaba. De là ils lancèrent un manifeste à la nation, dans lequel ils assuraient les habitants qu'on ne venait pas leur faire la guerre. Un de leurs envoyés offrit d'ouvrir des conférences avec le Président Don Benito Juarez, lequel, à son tour, envoya son ministre Don Manuel Doblado pour traiter à Orizaba. M. Doblado offrit alors de payer comptant ce que réclamait le commissaire français. Cette offre ne fut pas acceptée.

A Orizaba, la désunion des commissaires occasionna un acte de séparation. Les commissaires espagnols et anglais se retirèrent avec leurs forces. Le gouvernement français dit: je reste, je poursuivrai seul l'entreprise, et il la poursuivit. Ses troupes marchèrent sur Puebla où fut livrée une bataille défavorable au gouvernement français. Compromis et piqué dans son honneur militaire, il envoya une armée plus respectable, un général de renom et une artillerie suffisante. L'entreprise prit alors une autre tournure, elle resta purement française et le gouvernement français se posa face à face avec celui de B. Juarez.

L'Empereur des Français entreprit la guerre contre B. Juarez et son parti. Nous ne venons pas, dit le chef de l'armée, combattre la *nation*, mais bien au contraire la délivrer d'une *minorité oppressive*. Ce n'était donc pas une guerre de nation à nation, mais bien celle d'un État contre une faction d'un autre État. C'est pourquoi il n'y eut ni réclamation diplomatique ni ultimatum posé, ni déclaration de guerre formelle, comme cela se pratique dans les luttes entre nations différentes. C'est pour cela que l'on n'admit pas l'offre de paiement faite à Orizaba.

Mais quoi! Toute une grande nation prend fait et cause dans les dissensions intestines d'une autre! Le droit des gens autorise-t-il un État à envoyer une expédition dans le but de renverser un gouvernement de parti? Non, si l'on parle en général et d'une manière abstraite. Mais là n'était pas le problème et les intentions de 1862. Il ne s'agissait pas de remplacer un gouvernement par un autre. Le gouvernement mexicain d'alors avait foulé aux pieds tous les droits de nationaux français et injurié les puissances étrangères. Le Président d'alors, partisan aveugle, fort et tenace seulement pour se maintenir au pouvoir, faible pour résister aux iniques exigences des siens, avait suspendu le paiement des obligations internationales et avec son désordre gouvernemental habituel, il ne restait aucune espérance rationelle de faire justice aux droits des puissances. De plus il était repoussé par la grande majorité des Mexicains.

Les desseins de l'Empereur des Français avaient une plus haute portée et étaient également favorables au Mexique et à la France ; nous dirons plus : il s'agissait d'un intérêt européen. En sauvant le Mexique, il pensait assurer les intérêts de la France et de l'Europe.

Il y a longtemps que les États-Unis inquiètent le commerce européen. Leur effrayante guerre civile a mis leur puissance en évidence ; un million de soldats avec des milliers de millions de dollars pour la maintenir sans secours étranger, amenèrent la crainte parmi les puissances de l'Europe qui ont des intérêts dans le Nouveau-Monde. Cette armée sans égale était cependant divisée ; une partie luttait à mort contre l'autre. — L'occurrence parut alors favorable. — Une guerre sanglante et acharnée ne permettant pas au gouvernement de Washington de s'occuper de ce qui se passait au dehors, le gouvernement de Paris enfanta son grand projet. A côté du Nord, plaçons, dit-il, un gouvernement fort qui s'oppose à son expansion et soit un point d'appui pour nous ; affermissons ce gouvernement pour que l'Europe s'affermisse en lui. Cela est facile, puisque Juarez est un pouvoir antisocial et antinational, puisque le peuple mexicain lutte contre lui, il suffira d'appuyer celui-ci pour qu'il se relève, renverse l'autre, en fonde un vraiment national, avec lequel les puissances d'Europe pourront traiter en toute sécurité et dans lequel les sujets européens trouveront des garanties suffisantes pour leurs personnes et leurs intérêts. Voilà l'objet de l'expédition du Mexique.

Ainsi s'explique la première entrée des puissances alliées et ensuite de la France seule ; ainsi se comprend la marche de Vera-Cruz à Orizaba, d'Orizaba à Mexico, et de Mexico, dans diverses directions, jusqu'aux frontières du pays, telles que Colima et Guaymar, Chihuahua et Matamoros ; on comprend du reste que l'armée française ne gardât pas avec le gouvernement de Juarez les considérations qui s'observent dans les guerres internationales ;

enfin il est facile de voir pourquoi le maréchal Forey allait s'emparer du gouvernement des populations qu'il occupait; établissait à Mexico un gouvernement provisoire destiné à préparer l'intronisation definitive et perpétuelle de celui qui devait être substitué à B. Juarez. Sans ces considérations, les faits seraient injustifiables en présence du droit des gens.

III.

Sous l'influence et la garantie de l'armée française, les populations se déclarèrent contre Juarez, proclamèrent un gouvernement nouveau et tout à fait différent en son essence de tous les gouvernements antérieurs du Mexique. Les peuples, délivrés de l'oppression de Juarez et de son parti, sans être violentés par l'armée française, suivirent l'opinion la plus nationale en rétablissant l'Empire mexicain tel qu'il avait été proclamé en 1821 et tel qu'il était possible de le faire en égard à ce qui s'était passé depuis plus de 40 ans. Plus de 600 populations représentées par des centaines de mille de vieillards et d'adultes donnèrent à l'Empire plus de. milliers de suffrages que jamais le Mexique n'en avait réuni depuis son indépendance.

La solennité de cet acte faisait faire le premier pas à l'entreprise de la France. Sur les ruines du pouvoir tyrannique et arbitraire de Juarez, les Mexicains avaient élevé un gouvernement nouveau qui, avec tous les éléments possibles de stabilité, offrait des sécurités complètes aux nations étrangères. Le Prince élu représentait l'autorité monarchique et les droits du peuple, l'ordre et la liberté, le progrès moral et matériel, les immunités de la religion jointes aux modifications de la discipline qu'exigeaient les dégats causés par les révolutions.

Le 10 Juillet 1863, on proclama à Mexiço l'Empire et l'Empereur Maximilien. Pendant ce temps, la guerre des États-Unis était toujours allumée et dévastatrice, on ne pouvait encore s'occuper de ce qui se passait chez nous; mais, au milieu d'une guerre si formidable, le Président tournait quelquefois ses regards sur le Mexique et sur la France, ainsi que nous le dirons plus loin.

IV.

Pendant que les habitants du pays proclamaient et l'Empire et l'Empereur, que l'armée franco-mexicaine chassait les hordes de Juarez et que les troupes mexicaines triomphaient à leur tour de celles de ce dernier, il y avait à Mexico une Régence qui devait exister jusqu'au jour où le Prince élu viendrait occuper le trône qu'il aurait accepté. La Régence organisa le nouveau gouvernement en y employant les hommes attachés à la monarchie. L'esprit des Mexicains était profondément ému des dernières offenses de la tyrannie de Juarez et des siens et la presse se faisait l'écho de cette haine contenue. En établissant le gouvernement provisoire, le ministre de France, M. Dubois de Saligny, d'accord avec le général Forey, fixa à la presse de Mexico certaines règles de conduite pour calmer les haines politiques, et les écrivains monarchiques se modérèrent en présence de la perspective de la paix.

L'influence de ce ministre, ainsi que celle du commandant en chef, eut un effet large et direct et sur la fondation du nouveau régime et sur la marche politique de la Régence. Les principaux publicistes mexicains cédaient facilement à leur insinuation: c'était l'influence du bienfaiteur sur son protégé, celle du libérateur sur l'affranchi; en tout on se conformait aux instructions de l'Empereur Napoléon. Nos lecteurs voient en cela sans doute autre chose qu'une opération financière dont le but est de se faire payer d'une dette; il y avait une intervention réelle et préméditée dans le gouvernement particulier du Mexique qu'on a depuis en vain essayé de nier ou de dissimuler.

L'immense majorité des Mexicains ignorait alors les alliances et les branches des maisons régnantes en Europe. L'idée de rattacher le nouvel empire avec celui de 1821 exigeait le choix d'un prince ou de la famille des Bourbons d'Espagne ou de celle des archiducs d'Autriche. Le premier offrait deux inconvénients: les préventions contre le gouvernement colonial et l'antagonisme de l'Empereur Napoléon avec la famille de Bourbon, conséquence immédiate de l'exaltation de la sienne sur le trône. Sur la provocation du ministre et du général français ainsi que des principaux hommes politiques du Mexique qui avaient été en Europe les promoteurs de l'intervention, le vote des notables se porta sur l'archiduc Ferdinand Maximilien, choisi à cet effet par la mission spéciale représentée par Don José Maria Guttierez de Estrada. Le Prince proposé à l'assemblée fut accepté et l'élection de cette dernière, approuvée par tout le pays, rendit complétement national le choix de l'Empereur du Mexique.

V.

Il manquait son acceptation. L'archiduc imposa deux conditions à la députation mexicaine envoyée à Miramar, savoir: qu'il serait élu par la majorité du peuple et que le gouvernement français l'aiderait de sa protection tout le temps nécessaire. La première condition fut remplie par la remise des actes autographes envoyés à Miramar et qui constataient un nombre de suffrages relativement supérieur à celui obtenu par Napoléon III. Pour accomplir la seconde, il fallait une convention avec l'Empereur des Français et cette convention devait précéder l'acceptation. Le Prince élu alla à Paris, et le 12 mars 1864, il signa avec Napoléon un protocole qui devait être converti en traité quand l'archiduc troquerait cette qualité contre celle d'Empereur du Mexique. Ce même jour de l'acceptation de la couronne, 10 avril 1864, le protocole de Paris fut converti en traité de Miramar. En voici le texte.

TRAITÉ DE MIRAMAR.

Napoléon, par la grâce de Dieu et la volonté nationale, Empereur des Français, à tous ceux qui verront les présentes, salut.

Une convention suivie d'articles additionnels secrets a été conclue le 10 avril 1864 entre la France et le Mexique, pour régler les conditions de séjour des troupes françaises dans ce pays, convention et articles secrets dont suit la teneur.

Le gouvernement de S. M. l'Empereur du Mexique et celui de S. M. l'Empereur des Français, animés d'un égal désir d'assurer le rétablissement de l'ordre au Mexique et de consolider le nouvel empire, ont résolu de régler par un traité les conditions de séjour des troupes françaises dans ce pays et à cet effet ont nommé comme leurs plénipotentiaires: S. M. l'Empereur des Français, M. Charles-François-Edouard Herbet, ministre plénipotentiaire de première classe, conseiller d'État, directeur au ministère des affaires étrangères, grand officier de l'ordre impérial de la légion d'honneur, etc. etc.

S. M. l'Empereur du Mexique, M. Joaquin Velasquez de Léon, son ministre d'État, sans portefeuille, grand officier de l'ordre impérial de Notre Dame de Guadalupe, etc. etc.

Qui, après s'être communiqué leurs pleins pouvoirs et les ayant trouvés en bonne et due forme, sont convenus des articles suivants:

Art. 1. Les troupes françaises qui se trouvent actuellement au Mexique seront réduites le plus tôt possible à un corps de 25,000 hommes, y compris la légion étrangère.

Pour que ce corps serve à sauvegarder les intérêts qui ont motivé l'intervention, il restera temporairement au Mexique, aux conditions établies dans les articles suivants.

Art. 2. Les troupes françaises évacueront le Mexique à mesure que l'Empereur du Mexique aura pu organiser les troupes suffisantes pour les remplacer.

Art. 3. La légion étrangère au service de la France et forte de 8000 hommes, restera de plus six ans au Mexique à partir du jour où toutes les autres troupes françaises auront été rappelées conformément à l'art. 2.

A partir de ce moment, ladite légion passera au service du gouvernement mexicain et sera payée par lui.

Le gouvernement mexicain se réserve la faculté d'abréger le temps pendant lequel il se servira au Mexique de la légion étrangère.

Art. 4. Les points du territoire qui doivent être occupés par les troupes françaises, aussi bien que les expéditions militaires de ces mêmes troupes, s'il y a lieu, seront déterminés d'un commun accord et directement par l'Empereur du Mexique et le commandant en chef du corps français.

Art. 5. Sur tous les points où la garnison ne sera pas composée exclusivement de troupes mexicaines, le commandement militaire appartiendra au commandant français.

En cas d'expéditions entre les troupes françaises et mexicaines combinées, le commandement supérieur appartiendra également au chef français.

Art. 6. Les commandants français ne pourront intervenir dans aucune branche de l'administration mexicaine.

Art. 7. Pendant le temps que les besoins du corps français exigeront chaque deux mois un service de transport entre la France et Vera-Cruz, les frais de ce service, fixés à la somme de 400,000 francs par voyage d'aller et retonr, seront remboursés par le gouvernement mexicain et payés au Mexique.

Art. 8. Les stations navales que la France entretient dans les Antilles et dans l'Océan pacifique enverront fréquemment des navires sous pavillon français dans les ports du Mexique.

Art. 9. Les frais de l'expédition française au Mexique et qui doivent être remboursés par le gouvernement mexicain, sont fixés à la somme de 270 millions pour tout le temps de l'expédition jusqu'au 1er juillet 1864. Cette somme jouira d'un intérêt annuel de 3 %.

A partir du premier juillet 1864, tous les frais de l'armée mexicaine restent à la charge du Mexique.

Art. 10. L'indemnité que le gouvernement mexicain doit payer à la France, pour dépenses, solde, entretien et conservation des troupes du corps d'armée, en partant du 1er juillet 1864, est fixée à la somme de 1000 francs par homme et par année.

Art. 11. Le gouvernement mexicain remettra immédiatement au gouvernement français la somme de 66 millions en titres de l'emprunt, au taux de l'émission, à savoir : 54 millions en à compte de la dette mentionnée en l'art. 9 et 12 millions en à compte des indemnités dues aux Français, en vertu de l'article 14 de la présente convention.

Art. 12. Pour le paiement de l'excédant des frais de guerre et en à compte des charges mentionnées dans les art. 7, 10 et 14, le gouvernement mexicain s'oblige à payer annuellement à la France la somme de 25 millions en numéraire.

Cette quantité sera appliquée: 1⁰ aux sommes dues en vertu des articles 7 et 10; 2⁰ au montant de l'intérêt et capital de la somme fixée en l'article 9; 3⁰ aux indemnités dues aux sujets français en vertu des articles 14 et suivants.

Art. 13. Le gouvernement mexicain versera à Mexico, le dernier jour de chaque mois, au payeur général de l'armée ce qui doit servir à couvrir les dépenses des troupes françaises restées au Mexique, conformément à l'art. 10.

Art. 14. Le gouvernement mexicain s'oblige à indemniser les sujets français des pertes qu'ils ont indûment supportées et qui ont motivé l'expédition.

Art. 15. Une commission mixte composée de trois Français et de trois Mexicains, nommés par leurs gouvernements respectifs, se réunira à Mexico dans un délai de trois mois pour examiner et régler les réclamations.

Art. 16. Une commission de révision composée de deux Français et de deux Mexicains, désigner de la même manière et résidant à Paris, procédera à la liquidation définitive des réclamations admises antérieurement par la commission désignée en l'article précédent, et prononcera sur celles qui lui auront été soumises.

Art. 17. Le gouvernement français mettra en liberté tous les prisonniers de guerre mexicains, dès que S. M. l'Empereur du Mexique sera entrée dans ses États.

Art. 18. Le présent traité sera ratifié et la ratification échangée le plus tôt possible.

Fait au chateau de Miramar le 10 avril 1864.

> (*L. S.*) Signé VELASQUEZ.
> (*L. S.*) Signé HERBET.

A ce traité furent ajoutées trois clauses secrètes que nous rapportons à la lettre.

ARTICLES ADDITIONNELS SECRETS.

S. M. l'Empereur des Français et S. M. l'Empereur du Mexique voulant par le moyen de clauses additionnelles au présent traité, s'expliquer d'une manière complète sur leurs intentions réciproques et faire constater que nonobstant les événements qui pourraient survenir en Europe, l'appui de la France ne manquera pas au nouvel Empire, à cet effet ont nommé comme leurs plénipotentiaires: S. M. l'Empereur des Français M. Ch. Fr. Ed. Herbet etc. et S. M. l'Empereur du Mexique M. J. Velasquez de Léon,

Lesquels, après s'être communiqué leurs pouvoirs respectifs et les avoir trouvée en bonne et due forme, sont convenus des articles suivants.

Art. 1. S. M. l'Empereur du Mexique approuvant les principes et les promesses annoncées dans la proclamation de M. le général Forey, en date du 12 juin 1863, ainsi que les mesures prises par la Régence et le général en chef français, conformément à cette proclamation, a résolu de faire connaître à son peuple par un manifeste ses intentions à ce sujet.

Art. 2. De son côté, l'Empereur des Français déclare: que l'effectif du corps français actuel fort de 38,000 hommes, ne se reduira que graduellement et d'année en année, de manière que les troupes françaises qui resteront au Mexique seront, y compris la légion étrangère, de

28,000 hommes en 1865,
25,000   „   „ 1866,
20,000   „   „ 1867.

Art. 3. Quand la légion étrangère, aux termes de l'art. 3 du susdit traité passera au service et à la solde du Mexique, comme elle ne continuera pas un service qui intéresse la France, le général et les officiers qui en feront partie, conserveront leur qualité de Français et leur droit à l'avancement dans l'armée française conformément à la loi.

Fait au château de Miramar le 10 avril 1864.

Signé HERBET.
Signé VELASQUEZ.

Nous, après avoir vu et examiné le présent traité suivi d'articles additionels secrets, l'avons approuvé et approuvons dans toutes et chacune des dispositions qu'il renferme; le déclarons accepté, ratifié et confirmé et promettons qu'il sera inviolablement observé.

En foi de quoi nous donnons les présentes signées de notre propre main et scellées de notre sceau impérial.

Donné au palais des Tuileries le 11 avril de l'an de grâce 1864.

NAPOLÉON.

Par l'Empereur
DROUYN DE LHUYS.

VI.

Voilà donc acquise et réglée la coopération du gouvernement français. Tout cela est bien autre chose que l'ingestion d'un État dans les affaires d'un autre en vue de recouvrer une dette. Dans ce traité et ses annexes, on ne parle pas seulement de l'ancienne dette de la convention française, mais aussi des frais de la guerre faits et à faire, aussi bien que des nouvelles réclamations des sujets français qui restaient à examiner; on n'y disait rien des pertes personnelles des sujets français tels que déni de justice et attentats de la part des gouvernements mexicains.

A première lecture, on remarque que la promesse capitale du gouvernement français fut de coopérer au moyen de ses troupes et de son argent à l'établissement et à la conservation de l'Empire, car il ne suffisait pas de l'établir, il fallait encore le maintenir sur pied. Si l'Empire devait être une garantie pour la France et l'Europe, on devait le soutenir constamment; s'il devait être un obstacle à l'agrandissement territorial des États-Unis, il était indispensable de le consolider. Donc le but de la permanence de l'armée française jusqu'en 1867 avait pour conséquence de consolider l'Empire, de l'enraciner dans le pays au moyen des éléments mexicains.

La réputation des fautes du Mexique avait pénétré en Europe avec beaucoup d'exagération; on avait une triste idée de nos financiers et de nos militaires. Le trésor et l'armée, disait-on en Europe, étaient en mauvaises mains, il fallait donc que des financiers et des militaires français allassent au Mexique pour enseigner par leur doctrine et leur exemple, comment on crée et comme on administre les revenus publics, comment on forme une armée et comment on termine une guerre civile. Il vint donc des économistes français pour créer les finances mexicaines, il vint des militaires pour former et instruire une armée mexicaine à leur école. On recruta trois légions étrangères en France, en Belgique et en Autriche. On vit arriver ces légions, ces économistes, et le maréchal Bazaine fut spécialement chargé de former une armée mexicaine modèle pour remplacer la sienne au profit de l'Empire « *à mesure que se retireraient les troupes françaises* » suivant le traité de Miramar. Les légions étrangères ont accompli leur mission en faisant campagne contre les ennemis de l'Empire; beaucoup se sont incorporés récemment dans l'armée mexicaine comme preuve de leur sympathie pour notre pays et d'adhésion à l'Empereur Maximilien. Les financiers ne firent que des projets qui, soumis au critérium de l'expérience et des économistes indigènes, furent trouvés impraticables et utopiques. Le général en chef ne forma pas un seul corps mexicain et ne conserva pas même intact celui que son prédécesseur avait trouvé entre les mains des généraux mexicains. Il forma une partie d'un corps franco-mexicain, sous le nom de Chasseurs du Mexique, lequel fut insuffisant et peu stable à cause de l'hétérogénéité de ses éléments.

De cette manière, l'intervention, qui, en qualité de maître et de modèle devait nous donner une armée et des finances, ne nous donna rien du tout; elle nous avait promis la pacification, et quoiqu'ayant longtemps occupé le pays, elle ne l'a pas pacifié.

VII.

On sait maintenant ce qu'avait promis le gouvernement de Paris et on voit ce qu'il a fait. Nous n'accusons pas, nous narrons. Si cette narration blesse nous n'en sommes pas la cause; nous voudrions que les faits fussent différents, on eût ainsi évité beaucoup de maux à notre patrie. Mais, Mexicain, nous devons défendre notre pays contre les faux récits que l'on a faites et que l'on fait en Europe pour cacher le mauvais succès de l'expédition. Nous ne pouvons éviter les maux que l'intervention a causés au Mexique, mais nous ne voulons pas qu'on le déshonore. Le gouvernement français expliquera sa conduite comme il lui plaira, mais il ne faut pas qu'on accuse ni l'Empereur du Mexique ni ses habitants. Nous sentons tout ce qu'il y a d'affligeant pour les millions de bons français qui n'ont coopéré en rien; aussi n'est-ce pas à eux que s'adresse notre censure.

Après la signature de la convention de Londres, on pensa à engager les États-Unis dans l'entreprise, ceux-ci refusèrent en manifestant leur mécontentement. Lorsque les alliés de Londres rompirent à Orizaba, la principale cause fut les égards qui étaient dus à l'immixtion des États-Unis, car une puissance seule et libre de tout compromis avec une autre peut donner cours à son ambition et s'emparer du Mexique à l'occasion. Cependant le gouvernement français poussa décidément son entreprise. Celle-ci était déja bien avancée par la prise de Puebla, la fuite de Juarez, l'occupation de Mexico, la réunion des notables, la proclamation de l'Empire, l'élection de Maximilien et l'envoi d'une députation à Miramar, quand les États-Unis donnèrent le premier signe de désapprobation au gouvernement français. M. Dayton, par ordre de son gouvernement, interpella M. Drouyn de Lhuys dans les termes que constate la note ci-jointe.

LETTRE DE M. DROUYN DE LHUYS A M. MERCIER A WASHINGTON.

Paris, 13 septembre 1863.

Monsieur,

M. Dayton, qui, dans ses relations avec moi, apporte une grande confiance et droiture que je me plais à reconnaître, s'est ému de certains bruits qui ces jours derniers paraissent avoir pris une certaine consistance à Paris et dont il est venu me parler. Si nous devions croire des bruits si légèrement acceptés, le gouvernement de l'Empereur se serait décidé à reconnaître les États du Sud. On aurait également signé un traité, en vertu duquel la nouvelle Confédération céderait à la France, soit pour elle-même, soit pour l'évacuation du Mexique, le Texas et une partie de la Louisiane.

Au moment où M. Dayton me communiquait ces bruits, j'étais entièrement en mesure de lui rendre communication pour communication; et,
avant de répondre aux questions qu'il m'adressait, je lui demandai si
parmi les symptômes alarmants pour la conservation des bonnes relations
entre les deux pays, il n'avait pas comme moi recueilli d'autres nouvelles également répandues dans le public, comme, par exemple, une
protestation que m'aurait envoyée son gouvernement contre notre expédition du Mexique et ses conséquences, la conclusion d'une alliance
offensive et défensive entre les États-Unis et la Russie et la présence
d'une flotte fédérale à Vera-Cruz.

Après m'avoir fait remarquer que, mieux que personne, je savais que
l'on ne m'avait envoyé aucun protestation, M. Dayton me dit que, animé
de l'esprit général de la correspondance de M. Seward et de la connaissance qu'il avait lui-même de l'état des esprits de ses concitoyens,
il avait pu me parler de l'impression produite sur l'opinion de son pays
par l'intervention prépondérante d'une puissance européenne dans une
république de l'Amérique et de l'établissement du régime monarchique
dans un pays voisin des États-Unis, mais que de là à une protestation
ou à une intention quelconque d'ingestion comminatoire, il y avait bien
loin et que ses instructions ne l'autorisaient pas à franchir cette distance. D'un autre côté, qu'il ne savait rien de la prétendue alliance de
son gouvernement avec la Russie et qu'il avait ses raisons pour n'y pas
croire. Quant à la présence d'une flotte fédérale devant Vera-Cruz,
cette nouvelle lui paraissait indigne d'être démentie.

Je dis à M. Dayton que je n'avais jamais attaché aucune importance
aux bruits dont il s'agissait, et que, en lui en parlant, je n'avais nulle-
ment l'intention de provoquer une explication de sa part; mais bien de
le mettre en garde contre les bruits d'une autre nature qui avaient la
même origine que ceux dont nous parlions. Que de plus je pouvais les
démentir catégoriquement. Quant à la reconnaissance des États-Unis
du Sud, qu'il connaissait les dispositions du gouvernement de l'Empereur,
et que cette question était toujours dans le même état où nous l'avions
laissée dans nos conférences antérieures. Quant à nous, nous n'avions
pas reconnu le Sud et encore moins signé de traité de cession du Texas
et de la Louisiane. A ce propos, je pouvais lui répéter ce que je lui
avais déjà dit plusieurs fois: c'est que nous ne cherchions ni pour nous
ni pour d'autres aucune acquisition en Amérique.

J'ai ajouté que j'espérais que le bon sens du peuple des États-Unis
ferait justice des exagérations et fausses suppositions par le moyen des-
quelles on cherchait à égarer et indisposer l'opinion et que je comptais
sur sa coopération pour faire prévaloir un jugement plus équi-

table sur nos intentions et les besoins auxquels obéissait notre politique.

J'ai pensé, Monsieur, qu'il serait bon que vous fussiez informé des détails de cette conversation, afin que de votre côté vous puissiez en donner communication à M. Seward et vous servir à votre tour du texte pour rectifier de faux jugements et d'injustes préventions.

Signé Drouyn de Lhuys.

On voit dans cette note les assurances que donnait le gouvernement de Washington au ministre de l'Empereur; on y remarque aussi que déjà on soupçonnait une alliance entre la Russie et les États-Unis, sur laquelle le ministre américain, interpellé, répondit qu'il ignorait le fait. Depuis cette conférence, le gouvernement français ne fit voir aucune faiblesse dans l'intervention mexicaine, et celui de Washington n'y fit pas la moindre opposition; celui-ci resta dans l'expectative et celui-là continua à marcher en avant.

Pendant que le Prince élu attendait à Miramar l'accomplissement des conditions qu'il avait posées, Napoléon III, par le moyen de ses agents diplomatiques, prédisposait l'esprit des cours d'Europe à reconnaître sans difficulté le nouvel Empire; et en effet cette reconnaissance eut lieu par toute l'Europe et par l'Empire du Brésil. A l'intérieur du Mexique l'armée expéditionnaire élargissait les limites du gouvernement de la Régence et quand l'acceptation de Miramar fut accomplie, déjà l'on avait l'adhésion des départements centraux et de quelques-uns plus éloignés, tels que Yucatan et Tabasco: ceux-ci comptent parmi les plus peuplés du pays.

Toutes les populations mexicaines où passait l'armée française dans les premiers mois de son entrée dans le pays sont témoins de l'enthousiasme et de la solennité avec lesquels était reçu le corps expéditionnaire. Le général Forey était accablé par ces ovations et l'Estafette, qui alors n'avait pas fait défection à la cause de l'Empire, les rapportait dans ses colonnes. Les journaux français du temps sont pleins d'articles et de correspondances qui prouvent toutes ces joies populaires. Mais comme s'ils eussent regretté de se voir accueillir si cordialement par les Mexicains jusque dans l'enceinte du foyer domestique, les chefs de l'intervention prirent depuis à tâche d'abord d'éteindre l'enthousiasme, puis de se montrer indifférents, enfin d'exciter l'aversion générale.

Quoique la législation mexicaine prohibe les logements militaires, le général Forey les décréta pour un temps indéfini et sous les conditions les plus onéreuses. Il établit un impôt sur la propriété urbaine pour augmenter le traitement des chefs et officiers français, chose qui ne s'était jamais vue au Mexique. Aucune économie ne présida à l'emploi de ces fonds. Soit par manque de politesse, soit par esprit de hauteur et de mépris des Mexicains, beaucoup de chefs, dans leurs expéditions contre les dissidents, se moquaient, insultaient et opprimaient les libéraux pacifiques et même les conservateurs et les impérialistes les plus attachés à l'intervention et à l'Empire, attisant ainsi le feu de la guerre au lieu de l'éteindre. Sur ce point il y eu des chefs qui se sont fait un nom.

Mais ce qui augmenta au plus haut degré l'indisposition des esprits contre l'intervention, ce fut l'ingérence directe et insensée du général Bazaine dans la politique du gouvernement mexicain. Du temps de la Régence, il adressa aux régents des notes insultantes sur certaines affaires; il intervenait dans la direction de la presse nationale par le moyen de M. Budin, frère de l'intendant de même nom, et surtout il forçait la circulation des mandats sur l'opération des biens ecclésiastiques si généralement réprouvée par les hommes attachés à l'Empire et à l'intervention. De là naquit le mécontentement des régents et des principaux publicistes mexicains, ainsi que la froideur et l'abstention de plusieurs journaux monarchistes; de là provint la célèbre dissention de la Régence et l'étrange destitution de l'archevêque et du Tribunal suprême, ce qui prépara pour plus tard d'immenses difficultés à l'Empereur.

Peut-être ce fut à cause de cela que le traité de Miramar portait que les agents de l'intervention s'abstiendraient de pénétrer dans l'administration publique de l'Empire. Si, après la promulgation de ce traité, les agents français eussent tenu compte de la prohibition que leur imposait leur souverain, on eût évité bien des maux; mais l'immixtion, tantôt positive, tantôt negative du maréchal Bazaine et autres chefs dans les affaires gouvernementales du pays a engendré d'énormes difficultés et de funestes conséquences. Pour ne pas descendre dans des détails ennuyeux, nous dirons dans le cours de cet écrit les faits les plus notoires et les plus incontestables.

VIII.

Tout gouvernement, et surtout celui qui s'établit, exige, comme premiers éléments de vitalité, des finances et une armée. Le traité de Miramar prévit ces deux cas. Il y fut stipulé qu'on négocierait des fonds pour couvrir les dépenses publiques pendant que se créeraient les revenus mexicains; qu'on leverait une armée nationale suffisante pour soutenir l'Empire après le retour de l'armée française dans son pays. La création des finances fut confiée à des économistes français. Cinq sont venus précédés des pompeux éloges de la presse française; on annonçait fréquemment la publication de leur importants travaux; nous attendions sans haleine ces œuvres qui devaient donner la vie et la stabilité à la nouvelle monarchie solennellement patronée par le gouverneur français. Au lieu de cela, nous sûmes successivement que M. Budin s'en était allé en laissant à la place d'un plan financier, une déplorable mémoire par son immixtion funeste dans la politique intérieure; que M. Corta partait aussi en laissant pour tout héritage le bon souvenir de ses qualités personnelles, de sa modestie et de son abnégation; M. de Bonnefonds perdait le bon sens et pourtant le temps lorsque nous croyions qu'il s'occupait de la création de nos finances; M. Langlais, dont on annonçait d'admirables travaux, ne nous laissait que le regret de sa mort subite et le néant de mois perdus en attendant son grand œuvre. Reste le dernier, M. de Maintenant, comme héritier des hautes idées de M. Langlais et chargé des grands travaux du départ. Assurément nous eussions oublié ce financier, si lui-même ne se fût rappelé à nous par certains avis dont nous parlerons en leur lieu. Si nous écrivions ici la critique de ces économistes que le gouvernement français nous envoya pour nous apprendre comment se créent les revenus publics, nous aurions l'occasion de remarquer que nos anciens employés et nos plus notables financiers leur fournirent les données fondamentales pour les travaux qu'ils entreprenaient. Au bout de trois ans, les économistes français ne nous ont point créé de finances, et même ils ne les ont pas laissé créer aux Mexicains. Cependant il ne leur manqua ni la confiance du gouvernement, qui fut très-large, ni les données des bureaux qu'on mit à leur disposition, ni la coopération des financiers mexicains qui par patriotisme leur sacrifièrent leur temps, ni enfin le pouvoir, puisque à sa tête M. Friant fut ministre des finances. Ce dernier, pour tout fruit de ses talents financiers ne prit que quelques mesures vexatoires, fit quelques nominations mal goûtées, et apporta quelque peu de confusion dans l'administration des revenus publics. Pourquoi tout cela est-il arrivé? qui a manqué à toutes ces notabilités? Capacité ou bonne volonté? Quoi qu'il en puisse être, le résultat est le même pour le Mexique. On a perdu misérablement trois ans; l'armée française emporte nos espérance évanouies, nous avons tout à faire à la hâte sans pouvoir nous servir des travaux des économistes français, parce qu'ils sont ou occultes ou impraticables ici.

IX.

Quand les commissaires des puissances alliées arrivèrent à Orizaba, une armée mexicaine, petite mais aguerrie, combattait la tyrannie de Juarez; elle était commandée par Don Tomas Mejia, D. Leonardo Marquez et autres chefs de moindre grade. Après que les alliés se furent brouillés à Orizaba et que le général Laurencez eut été repoussé de Puebla, le premier secours qui protégea sa retraite fut la déroute dans laquelle le général Marquez mit les Juaristes qui le poursuivaient. Depuis lors, le général Marquez s'unit à l'armée française à laquelle il servit efficacement d'allié; et quand Gonzales Ortega marcha sur Orizaba pour détruire le petit corps du général Laurencez, Don L. Marquez coopéra activement à sa défense. Pendant les 60 jours que dura le siége de Puebla, le général Marquez uni à la brigade Bazaine mit en déroute à San Lorenzo l'armée de réserve commandée par Don Ignacio Comonfort et coupa les vivres aux assiégés, décidant ainsi la reddition de la place.

Dès que la capitale fut occupée par l'armée franco-mexicaine, on vit arriver Don Tomas Mejia avec son vaillant petit corps d'armée qui avait fait perdre tant de soldats, de munitions et d'argent à Don Manuel Doblado et autres chefs juaristes. Il est à remarquer que tous les chefs et officiers de l'ancienne armée mexicaine aient adhéré si promptement à l'armée française, se montrant disposés à combattre à ce côté et même sous ses ordres dans la campagne contre les démagogues et les ennemis de l'Empire; il faut remarquer encore qu'on rencontrait la même disposition chez le général Don Antonio Lopez de Santa Anna, lequel avait occupé dans le pays de si hautes positions et jouit d'une si grande influence sur l'armée mexicaine. Toutes les circonstances étaient donc favorables pour former rapidement une armée nationale à l'ombre et avec l'émulation de l'armée française.

Sous le commandement du maréchal Forey on fit un plan d'armée mexicaine qui s'arrêta au projet. Le maréchal Bazaine prit alors le commandement. Cet officier, au lieu d'accélérer la formation de l'armée nationale, paraît avoir eu pour but de ne le jamais faire. Quoique déjà existante, elle n'augmentait ni en force ni en prestige malgré de brillantes victoires comme celles de Morela et de San Luis-de-Potosi.

A peine arrivé, l'Empereur envoya au maréchal Bazaine une lettre dans laquelle il lui donne les plus amples facultés pour former l'armée mexicaine.

Il tenait dans ses mains l'armement de la nation pris à Puebla, à Mexico et en divers points de l'intérieur. Sur cette matière furent promulgués les décrets demandés à l'Empereur par le maréchal, et l'on peut dire que rien ne fut omis par le gouvernement impérial. Il se passa deux années, et au lieu d'augmenter, l'armée nationale était moindre qu'à l'arrivée de l'intervention.

Sur la proposition du maréchal, on commença à former des bataillons. En mêlant ensemble des officiers et des soldats français et mexicains, on introduisit des éléments de discorde qui bientôt produisirent leur effet en excitant les jalousies de commandement et de nationalité; cela causa la désertion et le peu de consistance des corps.

Si le maréchal Bazaine, en recevant la mission que l'Empereur lui conférait, non pour le tracasser mais par honneur pour sa dignité de commandant en chef de l'armée franco-mexicaine, si le maréchal eût laissé au gouvernement impérial le soin de former son armée, il y a longtemps qu'elle existerait comme toutes les fois qu'il s'est agi d'en former une. En acceptant cette mission, il s'obligeait à exécuter sur ce point le traité de Miramar, en organisant l'armée nationale à mesure que se serait retirée l'armée étrangère.

Les troupes françaises ont parcouru presque tout le pays depuis Vera-Cruz jusqu'à San Blas et d'Acapulco à Chihuahua; ce ne fut pas toujours de victoire en victoire, car plusieurs fois elles souffrirent quelques revers de la part des dissidents. Si parmi tant d'expéditions elles ont occupé la majeure partie du territoire national, elles ne l'ont pas pour cela pacifiée. Une rigueur mal comprise, la négligence à croire les bruits qui passent, et une irritabilité incroyable de la part de certains chefs français ont enflammé la révolution au lieu de l'apaiser. Triste est la mémoire que certains d'entre eux ont laissé sur la terre mexicaine. Quand on écrira l'histoire de l'intervention, on y pourra lire des passages à l'avantage des excès des dissidents. Faire la guerre aux amis de l'Empire, mettre à l'amende des gens pacifiques pour des faits qu'ils n'avaient pas commis, châtier jusqu'à la mort des personnes trouvées innocentes depuis, fouler aux pieds les garanties des personnes et des propriétés, marcher sur les lois du pays, voilà des faits que détaillera l'histoire contemporaine. Elle dira aussi les plus honorables exceptions parmi les chefs et officiers du corps expéditionnaire, mais elle dira également que le général en chef ne corrigea pas les excès de quelques-uns et ne s'exempta pas lui-même des abus de son pouvoir militaire.

Si l'injustice et l'infamie indisposent jusqu'aux indifférents, que sera-ce s'il s'agit d'étrangers armés contre des nationaux sans armes. Et quand les dissidents criaient què les soldats étrangers venaient opprimer le pays, il semble que les chefs voulaient justifier la qualification des ennemis de l'Empire. Voilà la cause pour laquelle beaucoup de Mexicains qui s'étaient ralliés et soumis se redressèrent contre l'intervention. Le gouvernement impérial cherchait à remédier à ces maux en se plaignant au maréchal Bazaine, mais ses plaintes étaient vaines. Le gouvernement de l'Empereur, ne voulant pas exciter de plus grands conflits, s'abstenait de réprimer des attentats auxquels de son côté il cherchait à remédier; même la presse mexicaine impérialiste eut la prudence de ne pas publier ces faits qui assurément ne manquaient ni de preuves irrécusables ni de témoins nombreux et dignes de foi.

X.

Tous ces abus, que détailleront les historiens du Mexique, sont plus que suffisants pour que le pays regrette la manière dont s'est comportée l'intervention française; nous n'en accusons pas la France, nous ne les imputons pas davantage au gouvernement de Paris qui ne l'ordonna pas et peut-être n'en sut rien; mais nous l'accuserons, si, une fois connu, on ne justicie pas les coupables qui ont si misérablement détruit l'influence française au Mexique et sur tout le continent américain. Ces actes ont gravement compromis un empire que Napoléon III soutenait avec tant de bonne volonté et que depuis il a abandonné à son triste sort. De plus, nous n'absolvons pas pour cela le gouvernement des Tuileries de toutes les charges qui pèsent sur lui pour sa conduite au Mexique. Nous conclurons cet écrit en exposant la conduite internationale de ce gouvernement avec celui de Mexico par rapport à la protection qu'il offrait à l'Empire et à l'Empereur lorsqu'il y a trois ans, il se parvenait avec arrogance en dédaignant les cris de l'opposition.

Lorsque les États confédérés du Sud et les fédéraux du Nord guerroyaient de puissance à puissance, improvisant des armées et des millions pour faire une guerre d'extermination, et qu'en même temps apparaissaient au grand jour la grandeur et la rigueur de la lutte, on ne remarqua ni ennui ni faiblesse à Paris sur l'entreprise du Mexique. Mais quand Richmond succomba, que Davis fut fait prisonnier, que les armées de Lee et de Beauregard se désorganisèrent, que les États confédérés furent occupés militairement, que les citoyens émigrèrent on furent jetés en prison, qu'enfin les habitants du Sud furent conquis, alors la scène changea subitement en France: Le désir ardent de consolider l'empire mexicain s'évanouit. Un nouveau ministre américain, M. Bigelow, vint à Paris et, par ordre de son gouvernement, interpella M. Drouyn de Lhuys sur le but de l'expédition française au Mexique. Tout diplomate aurait prévu la réponse, puisqu'il s'agissait du Mexique seul, puissance indépendante sur laquelle le gouvernement de Washington n'avait aucun droit d'interpellation. Mais, au lieu de cette réponse, conséquence naturelle de la conduite du gouvernement français et parfaitement fondée sur le droit des gens, le ministre français répondit au Nord-américain en termes évasifs et ambigus. La France, dit-il, a des comptes pendants, et des offenses reçues au Mexique; nous faisons la guerre à cette nation comme à toute autre qui nous doit, nous insulte et refuse tout paiement et toute satisfaction. En changeant ainsi le fond de la question, c'était s'avouer coupable et peureux; c'était oublier des faits et des documents déjà cités et que connaissait tout le monde politique et diplomatique; c'était s'exposer à de très-dures répliques de la part de M. Seward et à de honteuses censures dans les cercles diplomatiques. Est-ce ainsi que se font les guerres internationales? Un État créancier a-t-il le droit de renverser le gouvernement de l'État débiteur? Quelle est la réclamation et l'ultimatum au sujet de cette dette? Dépense-t-on tant de millions pour recouvrer quelques milliers de francs? Pour rentrer dans quelque argent, fut-ce la Junte des Notables qui commit les actes des chefs de l'armée française au Mexique?

M. Seward a conquis beaucoup de considération à se tenir pour convaincu que tel était vraiment le but de l'expédition du Mexique, mais cette considération fut moindre que son abstention à ne pas profiter de la faiblesse qu'on lui montrait. Se fondant là-dessus il fit dire au gouvernement français qu'il eût à retirer ses troupes aussi vite que possible. Sans doute un État indépendant et souverain a plus que droit d'intimer à une armée étrangère l'ordre de sortir de son territoire; mais a-t-il le même droit de s'occuper de ceux qui entrent dans un autre ou qui en sortent? Cette reflexion ne dut pas faire défaut à l'habile esprit politique de M. Drouyn de Lhuys, mais il voulut bien répondre que l'armée française se retirerait du Mexique en trois termes dont le dernier était la fin de 1867. En cela il ne faisait qu'annoncer au gouvernement de Washington ce qui était convenu dans les articles additionnels du traité de Miramar.

XI.

Le 31 Mai 1866, le gouvernement de Paris adressait à S. M. l'Empereur du Mexique, une note par laquelle il lui annonçait son intention de retirer ses troupes et ses secours pécuniaires et où il essayait de justifier une intention en contravention avec la convention de Miramar. L'empereur Maximilien, voyant l'immense portée de cette résolution, consentit à l'offre généreuse que lui faisait notre auguste impératrice, d'aller personnellement dissuader l'empereur Napoléon, en lui rappelant face à face ses solennelles promesses. Entre les deux souverains, il y avait eu des conférences sécrètes qu'il fallait évoquer pour convaincre Napoléon. L'impératrice Charlotte partit, et après un pénible voyage jusqu'à Vera-Cruz et une dure navigation, elle arriva à Paris; là, en présence de Napoléon III, elle représenta les obligations que s'était imposées ce monarque, rappela la promesse faite de ne pas retirer sa protection jusqu'à parfaite consolidation de l'empire mexicain; elle parla avec la fermeté d'une souveraine et la persuasion d'une confidente des conférences qui avaient précédé la convention de Paris: Mais tout fut inutile devant la peur des États-Unis. Il est vrai que, d'après le traité de Miramar, les troupes devaient se retirer à la fin de 1867, mais non pas la légion étrangère qui devait rester dans le pays six ans encore après la rentrée de l'armée. Cela était très-clair et en droit rien ne dispensait de cette obligation le cabinet de Paris. Nous ne dirons pas ici l'influence que ce refus exerça sur la santé de l'auguste Impératrice du Méxique, ni ce que dut éprouver son esprit élevé en voyant brutalement retirée la parole d'un monarque et en considérant si sérieusement menacés et le trône et l'avenir historique de son époux. Nous laisserons cette matière pour être traité séparément; qu'on ait seulement présent à l'esprit que le refus du gouvernement français d'accomplir le traité de Miramar n'a d'autre excuse que les vains prétextes contenus dans la note suivante.

Paris, 31 mai 1866.

Le général Almonte a remis à l'Empereur des lettres de S. M. l'empereur Maximilien et s'est acquitté des communications dont il était chargé pour le gouvernement français. Sa Majesté a le regret de devoir exprimer ici la surprise que lui ont causée ces communications. Depuis plus d'un an, les instructions adressées aux agents français au Mexique, inspirées par le sentiment des devoirs et des obligations réciproques que nous avons contractés, avaient pour objet de faire parvenir au gouvernement mexicain des conseils dictés par les intérêts des deux pays, non moins que par la sincère amitié que Sa Majesté porte à l'empereur Maximilien.

Ces conseils ne semblent pas avoir été compris. Les propositions formulées par M. le général Almonte l'indiquent assez, en même temps qu'elles révèlent la méconnaissance complète d'une situation sur laquelle on ne peut pas différer d'éclairer la cour du Mexique.

On n'a pas à rappeler l'origine de l'expédition française; sa légitimité ressortait de nos griefs: obligés de nous faire justice, l'expérience du passé nous commandait de rechercher pour l'avenir des garanties contre le retour des actes qui avaient si souvent attiré sur ce pays, au prix d'expéditions onéreuses, des répressions sévères, mais toujours inefficaces. Ces garanties devaient surtout résulter de la fondation d'un gouvernement régulier assez fort pour rompre avec les traditions de désordre que s'étaient léguées des pouvoirs éphémères. Quelque désirable que fût l'établissement d'un tel gouvernement, moins que tout autre, nous pouvions songer à l'imposer, et nous avons toujours désavoué hautement un pareil dessein. Nous n'avons pas voulu croire cependant que les éléments d'une régéneration politique indispensable fissent défaut à la société mexicaine, et nous nous étions promis de seconder tous les efforts qui seraient tentés par le pays lui-même pour l'arracher à l'anarchie qui le dévorait. Cette entreprise avait sa grandeur; elle a séduit l'empereur Maximilien. A l'appel de la nation mexicaine, sans se laisser arrêter par les difficultés et les périls de la tâche, il s'y est courageusement dévoué. Il pensait, comme l'empereur Napoléon, que de grands intérêts de conciliation et d'équilibre se rattachaient à l'indépendance du Mexique, à l'intégrité de son territoire garanties par un gouvernement stable et réparateur, *et il savait que notre appui ne lui manquerait pas pour l'aider à réaliser une œuvre profitable au monde entier.*

Les devoirs de l'empereur envers la France lui commandaient toutefois de mesurer à l'importance des intérêts français engagés dans cette entreprise l'étendue du concours qu'il lui était permis d'offrir au Mexique pour en assurer le succès. C'est à cet effet qu'à été conclu le traité de Miramar destiné à nous investir des avantages conquis par nos armes. Par cette convention, la France s'obligeait à maintenir au Mexique des forces militaires sous certaines conditions déterminées; en revanche, le cabinet de Mexico s'obligeait à payer, dans les termes et selon les conditions stipulées, les frais de l'occupation; de plus, il s'obligeait à nous rembourser les frais de l'expédition et à indemniser les Français des pertes qui l'avaient provoquée.

Or, du contrat qui avait établi nos droits et nos obligations, la France a largement acquitté les charges quelle avait acceptées, et elle n'a reçu que bien incomplétement du Mexique les compensations équivalentes qui lui étaient promises. C'est un fait que nous devons constater, parce qu'il ne dépend pas de nous d'en supprimer les conséquences. Nous sommes loin de méconnaître les obstacles et les difficultés de toute nature contre lesquels S. M. l'empereur Maximilien a eu à lutter. Si nous avons déploré souvent que ses loyales intentions ne fussent pas mieux secondées, nous avons toujours applaudi à son active sollicitude et à sa généreuse initiative.

Les résultats sans doute aucun ne réponsent pas à nos espérances et nos sacrifices ont dépassé les limites que nous leur avions fixées. Sous l'habile et énergique direction de leurs chef, nos soldats se sont multipliés; aucun péril, aucune fatigue, aucun obstacle n'a fatigué leur élan, et cependant la pacification du pays ne s'est pas faite. C'était en vain qu'au nom de l'intérêt évident des deux empires, nous pressions l'organisation de l'armée mexicaine destinée à remplacer successivement la nôtre. Dans le même temps les ressources s'épuisaient au lieu de grandir et de se développer; le gouvernement français facilitait les emprunts qui venaient en aide aux embarras du trésor mexicain et nos charges ne se compensaient que par des règlements de compte illusoires, tandis que notre dette s'augmentait chaque jour des sommes demandées au nom des plus urgentes nécessités. Soit que cette situation ait été le résultat de circonstances plus fortes que les plus sages conceptions, ou bien qu'il ait été possible de les prévenir ou d'y remédier par une action plus énergique et une volonté plus forte, nous ne devons pas le rechercher ici. Nous devons respecter dans la conduite de ses affaires l'indépendance du gouvernement de S. M. l'empereur Maximilien, en nous efforçant par des conseils amicaux, de le prévenir contre des périls qu'il nous a paru courir. Nous avons donné à nos observations un caractère plus pressant seulement quant nos intérêts lésés nous ont obligés à le faire. Malheureusement, nous avons du voir souvent les résistances systématiques des conseillers de l'Empereur Maximilien, leur condescendance pour les ennemis déclarés de l'intervention, l'inertie de l'administration, et le défaut de coopération ou la mauvaise volonté d'une partie des fonctionnaires mexicains. Ces méfiances, ces dispositions équivoques n'ont pas rallenti le zèle de nos agents, chargés, sur la demande de Mexico, de préparer la réorganisation des finances et de l'administration du pays; il en a été de même de nos soldats; mais leurs services ont souvent été paralysés. On doit se rappeler au prix de quel travail la légation de France a pu enfin obtenir une insuffisante réparation des malheurs soufferts par nos nationaux, lorsqu'on avait réglé sans discussion les réclamations anglaises, quand on trouvait des ressources pour payer sans retard et à deniers comptants des dettes douteuses et non exigibles, nous avons vu discuter le même principe lorsqu'il s'est agi des réclamations françaises reconnues cependant par le traité de Miramar comme la cause déterminante de notre expédition, et qui, même en l'absence de toute stipulation, auraient constitué une dette d'honneur irrémissible et indiscutable.

Après avoir, en diverses occasions signalé au gouvernement mexicain la nécessité de veiller lui-même à sa propre conservation, et lui avoir manifesté à diverses reprises que le secours que nous lui prêtions ne durererait que jusqu'à ce que les obligations reciproques contractées par nous en échange seraient strictement accomplies, nous lui avons fait exposer les impérieures considérations qui ne nous permettaient plus de demander de nouveaux sacrifices à la France et qui nous décidaient à rappeler nos troupes. En prenant cette résolution, nous avons, pour son exécution, précisé les détails et les précautions nécessaires pour éviter les malheurs d'une transition brusque. Nous avons dû nous occuper aussi de substituer aux stipulations, sans valeur pour l'avenir, du traité de Miramar, d'autres arrangements dont l'objet garantît la securité de notre créance. Le ministre de l'Empereur du Mexique a reçu à cet effet des instructions pour conclure en ce sens des conventions nouvelles. Ces instructions sont, comme tous les actes de l'Empereur Napoléon, inspirés par les sentiments personnels qui l'attachent à l'Empereur Maximilien et par le désir sincère de concilier des intérêts qu'il ne veut pas séparer.

Il a apprécié les raisons qui ont déterminé ses agents à ne pas activer la conclusion immédiate des arrangements qui leur avaient été indiqués; mais il a regretté de voir le cabinet de Mexico profiter de sa condescendance pour transporter à Paris le siége d'une négociation qui seulement au Mexique pouvait être suivie avec utilité. Il a surtout regretté de trouver rédigées dans le projet de traité soumis à son gouvernement par le général Almonte, des propositions déjà formulées et que, chaque fois qu'elles lui ont été présentées, il a repoussées par les motifs les plus puissants. La permanence des troupes françaises devait se prolonger plus que le temps assigné; on nous demandait de nouvelles avances en prévision de l'insuffisance du trésor mexicain et leur remboursement est differé à des époques indéterminées; on ne nous a offert aucun gage, on n'a stipulé aucune garantie pour la sûreté de nos crédits. Après les explications franches, loyales et complètes du gouvernement français, celui-ci a pu à peine s'expliquer la persistance des illusions qui ont présidé à l'enfantement de ce projet. Si S. M. l'empereur du Mexique veut se souvenir des communications adressées depuis un an par la légation de France à son gouvernement, il comprendra qu'il est de toute impossibilité de prendre en considération les propositions présentées par le général Almonte et d'en autoriser la discussion. On ne pourrait pas, d'un autre côté, retarder plus longtemps la conclusion des arrangements rendus indispensables par la nécessité, chaque jour plus urgente, de substituer aux stipulations sans force du traité de Miramar de nouvelles clauses correspondantes aux exigences de la situation actuelle. La légation de France au Mexique, conformément aux instructions qui lui ont été envoyées au mois de Février, devra en conséquence soumettre dans retard à l'approbation du gouvernement mexicain, une convention qui règle définitivement les questions financières. Si les combinaisons présentées sont agréées par l'Empereur Maximilien, les termes fixés pour les départs successifs des troupes françaises seront maintenues et le maréchal Bazaine déterminera, d'accord avec S. M., les mesures convenables pour que l'évacuation du territoire mexicain s'effectue dans les conditions les plus favorables au maintien de l'ordre et la consolidation du pouvoir impérial.

Si au contraire nos propositions ne sont pas acceptées, on ne devra pas s'étonner que nous nous considérions comme libres et exempts de toute obligation pour l'avenir, et fermement résolus à ne pas prolonger l'occupation du Mexique, nous ordonnions au maréchal Bazaine de procéder en toute hâte au rembarquement de l'armée sans tenir compte que des convenances militaires et des considérations techniques dont il serait le seul juge. Il aurait aussi à surveiller et, en même temps, à procurer aux intérêts français les sécurités auxquelles ils ont droit.

L'Empereur Napoléon a la conscience d'avoir jusqu'aujourd'hui amplement rempli la tâche qu'il s'était réservée dans l'œuvre commune. Pour l'avenir, il incombe au Mexique de consolider sous les auspices de son souverain la régénération que nous lui avons préparée. Que la nation mexicaine rentrée en elle-même, maîtresse de ses destinées, trouve dans le sentiment de sa responsabilité l'énergie nécessaire pour cicatriser ses plaies, assurer son avenir et seconder les desseins de l'Empereur Maximilien. L'indépendance d'un peuple ne se fonde pas sans un travail opiniâtre, sans lutte et sans sacrifices. La tutelle étrangère, quand elle se prolonge, est une mauvaise école et une source de périls; à l'intérieur, la nation s'habitue à ne pas compter sur elle-même et l'activité nationale se paralyse; à l'extérieur, elle suscite des ombrages et éveille des susceptibilités. Pour le Mexique, le moment est arrivé de répondre à tous les doutes et de s'élever par son patriotisme à la hauteur des circonstances difficiles qu'il traverse. A l'intérieur comme à l'extérieur, les attaques dirigées contre la forme des institutions qu'il s'est données s'affaibliront sans doute graduellement, et finiront par être impuissantes contre l'union du peuple et de son souverain cimentée par des épreuves de courage acceptées et supportées en commun. Il sera honorable pour S. M. l'empereur Maximilien et pour la nation mexicaine d'avoir accompli ainsi l'œuvre civilisatrice que nous aurons toujours la satisfaction d'avoir promue et protégée dans son principe.

— Il fut répondu à cette note par la suivante émanée du gouvernement impérial.

M. le ministre de France à Mexico a fait parvenir à l'Empereur Maximilien la lettre de S. M. l'Empereur des Français et le mémoire qui y est joint.

La lecture attentive de ce mémoire a surpris douloureusement l'Empereur non moins par son contenu que par la nature des motifs que l'on a cru devoir alléguer pour en justifier le sens.

En premier lieu, on y lit que « la France a accompli loyalement les charges qu'elle s'était imposées par le traité de Miramar. »

On ajoute que l'on n'a reçu du Mexique que d'incomplètes compensations en échange de ce qui avait été promis.

Il importe de fixer l'attention sur ce point. Le traité de Miramar conférait l'autorité de commandant en chef de l'armée mexicaine au commandant du corps expéditionnaire, il l'investissait aussi du pouvoir et par conséquent de l'obligation de pacifier le pays.

La raison refuse d'admettre que le gouvernement de S. M. l'Empereur Napoléon, qui déclare formellement aujourd'hui son appui compromis par la fondation au Mexique d'un gouvernement fort et régulier, la raison et l'équité, disons nous, refusent d'admettre que l'on puisse croire qu'il pût exister au Mexique un gouvernement fort et régulier, c'est-à-dire capable de remplir des engagements réciproques, avant qu'au préalable la pacification n'eût été effectuée. En effet, sans la paix, il est clair que l'on ne peut espérer un budget en équilibre ni une augmentation de revenus. Les fonds provenant des deux emprunts ont été absorbés en grande partie par la guerre civile et il faut en attribuer la faute et ses conséquences au commandant en chef de l'armée franco-mexicaine, qui, par son inaction d'une année entière, il faut le dire, a laissé les dissidents se rendre maîtres à l'heure qu'il est de plus de la moitié du pays.

Personne n'ignore que les douanes maritimes du Mexique forment l'élément le plus productif de ses revenus. Or, ces douanes sont ruinées depuis un an par l'interruption des communications avec l'intérieur et ces communications sont coupées par les dissidents. Aujourd'hui même, les douanes de Matamoros, Minatitlan, Tabasco, la Paz, Hiratusco sont au pouvoir des ennemis de l'Empire; celles de Tampico, Tuxbans, Guaymas,

Mazatlan, Acapulco sont improductives, parce que ces ports étant bloqués par les Juaristes, les commerçants désespérés sont réduits à s'expatrier. Peut-on raisonnablement obtenir l'équilibre dans les rentrées et les sorties quand, à mesure que la guerre civile se prolonge, les ressources diminuent? Le gouvernement réduit à la seule douane de Vera-Cruz peut-il faire face ceux grandes dépenses que lui assigne le traité de Miramar? Ce serait injurier l'esprit d'équité du gouvernement français et douter de sa bonne foi que de supposer que, sur un budget de recette de dix-neuf millions de piastres, les douanes maritimes puissent en produire onze millions.

Sans doute par la convention de Miramar, le Mexique s'est obligé à payer la permanence du corps expéditionnaire, ses frais de guerre et d'occupation; mais d'aucune manière on ne pouvait entendre que cette occupation se réduirait au tiers ou à la moitié du pays; on ne pouvait non plus prévoir que les transports de guerre des colonnes qui ont occupé et évacué quatorze fois Chihuahua, etc. etc. s'élèveraient à la somme de six millions de francs. Le gouvernement impérial mexicain ne pouvait prévoir et n'aurait pu admettre qu'au bout de trois années d'une guerre ruineuse, le commandant en chef de l'armée franco-mexicaine, disposant de cinquante mille hommes, n'eût pas complétement réduit à l'obéissance les riches provinces de Guercero, Tabasco et Chiapas où il ne s'est pas présenté un seul soldat français. On ne pouvait supposer surtout qu'après ces trois ans de guerre, grâce à l'inaction du commandant en chef et à ses dispositions, tous les vastes états du Nord seraient repris par les Juaristes. Il suffit de jeter un coup d'œil sur la carte pour se convaincre de cette déplorable situation militaire, et de l'injustice notoire avec laquelle on reproche au gouvernement impérial mexicain de ne pas avoir satisfait aux exigeances du traité de Miramar. Le général en chef a privé le gouvernement de ses plus indispensables ressources sans achever la guerre. C'est un fait que nous devons constater, parce qu'il ne dépend pas de nous d'en éviter les conséquences.

Au moment où se termina la guerre civile des États-Unis, l'empereur Maximilien crut de son devoir de rappeler sérieusement au commandant en chef la nécessité de déployer la plus grande activité pour arriver à la pacification. Le maréchal est resté sourd à ces exhortations, il a abandonné des provinces entières pour en retirer ses troupes qui y restaient depuis de longs mois dans une inaction fatale. Le 10 Novembre 1865, l'Empereur lui écrivait:

«J'ai reçu des nouvelles de Monterey qui me font connaître les grands inconvénients qu'offre l'évacuation de cette place par les troupes françaises. En général, je crois qu'il faut éviter l'abandon de ces villes importantes du Nord, qui, une fois occupées, retomberont dans les mains de nos ennemis si on les abandonne à elles-même. Ces alternatives offrent grandement le danger de faire perdre confiance aux habitants et de faire voir à nos voisins des scènes scandaleuses qui peuvent tromper l'opinion publique aux États-Unis. Il me paraît d'autant plus nécessaire de faire réoccuper Monterey par les troupes françaises, que de ce point elles peuvent porter aide et secours au brave général Mejia dont la position à Matamoros ne laisse pas que d'être très-difficile.»

Le 4 décembre de la même année, S. M. insistait de nouveau sur cela: «Je viens de recevoir les nouvelles les plus scandaleuses de Sinaloa et du département de Mazatlan. Les populations de ces contrées ne peuvent savoir le motif qui fait partir les troupes françaises avant qu'elles ne soient remplacées par des corps mexicains bien organisés. Elles voient avec horreur Corona entrer d'un seul coup en possession de tout un pays soumis. Leur confiance est profondément ébranlée et cette fatale mesure nous fait dans l'esprit public perdre plus qu'une grande déroute, parce qu'elle semble indiquer que le gouvernement lui-même n'a pas foi dans l'avenir.»

Dans une lettre en date du 17 décembre 1865, l'Empereur manifeste au maréchal Bazaine l'urgence d'occuper le port de la Paz, capitale de la Basse-Californie, pour empêcher que cette importante péninsule qui ferme le golfe de Cortès ne fût occupée par les flibustiers américains et pour le reprendre aux dissidents. Le commandant en chef répondit de suite: «Je m'empresse de répondre à la lettre de V. M. en date d'aujourd'hui, relativement à la contrerévolution qui vient d'éclater à la Paz, capitale de la Basse-Californie. Dès que les événements sont venus à ma connaissance, j'ai donné l'ordre à l'amiral Mazère, commandant la division navale du Pacifique, de prendre une compagnie française à Mazatlan, et d'aller à la Paz pour y rétablir l'ordre.» La compagnie française ne se présenta pas à la Paz, et la Basse-Californie resta toujours au pouvoir des ennemis de l'Empire.

Le Maréchal a reconnu la vérité de ces faits, puisqu'en Janvier 1866, il annonça que l'inaction de ses troupes allait cesser et que «bientôt l'Empereur verrait que ce n'était par la question militaire qui devait le préoccuper le plus.» La réalité est venue malheureusement démontrer que cette promesse solennelle est restée à l'état de lettre morte.

A plusieurs reprises, le commandant en chef a prétendu expliquer les déplorables résultats de son attitude en se plaignant de quelques autorités infidèles. Ce reproche a trouvé de l'écho dans le Mémoire, mais il sera facile de démontrer son peu de fondement. Le 2 décembre 1865, l'Empereur demanda au maréchal une information sur tous les fonctionnaires mexicains. Le 6 janvier 1866, il lui écrivait: «J'espère que par le retour du courrier, vous m'enverrez le nom des autorités qui vous paraissent infidèles et qu'il faut destituer, parce que je veux mettre à votre disposition tous les moyens qui sont en mon pouvoir; je remplacerai ces autorités par celles qui méritent votre confiance. Vous insistez sur la paie régulière des troupes; sur ce point il faut observer que mon gouvernement a fait tout ce qui lui était possible. Il en est arrivé jusqu'à mettre de côté les améliorations les plus nécessaires dans le service civil pour consacrer tous ses fonds exclusivement à l'armée. A tel point que l'armée seule absorbe toutes les rentes de l'État, et pour s'en persuader, il n'y a qu'à jeter un coup d'œil sur les comptes du ministère des finances.» Le 10 janvier, le commandant en chef désigna trois fonctionnaires, et un ministre qui ne méritaient pas sa confiance; l'Empereur lui communiqua sa décision deux jours après. «En attendant que le travail complet que vous m'avez promis me soit présenté, disait l'Empereur, je vous fais connaître que les trois personnes que vous m'avez citées ont été relevées de leur emploi.» Le 5 mars suivant le ministère fut changé.

On a également reproché au gouvernement impérial du Mexique de ne pas avoir marché exclusivement avec un parti et d'avoir tenté une œuvre de conciliation. Mais ignore-t-on que c'est la politique conseillée dès le principe par les généraux français eux-mêmes? Le général Castagny écrivait le 30 août 1864 au maréchal: «Les populations de la frontière du Nord sont énergiques, laborieuses, industrieuses et *libérales*. Elles accepteraient l'Empire sans difficulté, pourvu que l'on ne contrariât pas directement leurs convictions.» Le maréchal lui-même disait à S. M., en communication du 29 septembre 1864: «Les tendances *cléricales* des généraux Mejia et Lopez et l'esprit généralement libéral de toutes les populations du Nuevo-Léon et du Tamaulipas réclament des fonctionnaires *connus* et qui puissent par leur influence contrebalancer, sinon dominer, celle des commandants militaires susdits.» On voit donc par les conseils et les insinuations des chefs de l'armée française les plus autorisés par leur position, que l'Empereur, dans sa ligne de conduite politique, a eu des adhérents en dehors de son cercle personnel, et c'est cela qu'on lui a reproché.

Parmi les accusations que l'on se croit en droit de faire au gouvernement impérial du Mexique, il y en a une du caractère le plus grave. On a dit, on dit encore et l'on répète: les revenus du Mexique sont en désordre; le système sur lequel ils sont assis est défectueux; les hauts fonctionnaires et les employés chargés de l'administration du Trésor sont incapables et sans probité. Loin de faire un effort pour remédier au mal, l'Empereur a fermé les oreilles aux meilleurs conseils et il a éloigné de lui systématiquement les Français qui auraient pu lui prêter une utile coopération.

Voilà l'accusation, voici maintenant les faits.

Si la situation financière est mauvaise, quand a-t-elle été bonne? Ce n'est certainement pas à l'époque de l'inauguration de l'Empire, lorsque M. Budin, commissaire extraordinaire des finances, écrivait au nouveau souverain en date du 11 juin 1864: « Les revenus ont été très-limités dès le principe et le sont encore aujourd'hui. Les agents du gouvernement précédent ont emporté avec eux, dans leur fuite devant l'intervention, les archives et les papiers des bureaux des finances; ils ont ainsi créé des embarras à l'administration installée par le général en chef. La même chose arrive à l'intérieur et de la même manière; avant d'encaisser les entrées, les nouveaux agents sont obligés d'en créer les titres. »

Avait-on par hasard jeté les bases d'un plan financier qui pût augmenter les revenus? Non, on a vécu au jour le jour. Dans un semblable état de choses, la surprise de l'Empereur Maximilien fut extrême et il le manifesta franchement à l'honorable M. Fould dans sa lettre du 9 août 1864. « A mon arrivée à Mexico, j'avais cru que l'intervention française aurait tout préparé pour me mettre en état d'apprécier la vraie situation financière, qu'il ne me resterait plus qu'à décréter les moyens de lui faire face, et à appliquer, avec la coopération intelligente des fonctionnaires de votre département, mis à ma disposition, le système financier français modifié selon les exigences du pays. Malheureusement il n'en est pas ainsi: Tout est à faire. » Quelques semaines se passèrent en essais. Enfin M. Corta, député au corps législatif, vint à Mexico. Sa droiture, son esprit de conciliation, sa profonde connaissance des affaires, persuadèrent à l'Empereur qu'il avait rencontré l'homme qu'il cherchait pour améliorer les finances du pays. Il écrivait à M. de Morny le 9 août 1864: « M. Corta me donne à chaque instant des preuves de ses hautes qualités administratives et financières. Il a su gagner la sympathie des Mexicains, sa coopération m'est donc nécessaire. J'aurais voulu lui confier immédiatement la direction officielle du ministère des finances, mais j'ai rencontré dans cet honorable député une résistance fondée sur le poste qu'il occupe au parlement français. La communauté d'action qui existe entre nos deux gouvernements me fait croire que cette incompatibilité n'existe pas. La mission confiée à M. Corta ne se terminera que quand il pourra assurer à ses collègues que le pays offre, avec les ressources nécessaires, les garanties d'une organisation financière capable d'en assurer la réalisation. »

Est-ce-là le langage d'un homme qui s'aveugle dans la résolution qu'il a prise? Après le retour en France de l'honorable M. Corta, M. Bonnefond vint prendre la direction de la mission financière française. L'Empereur lui offrit, comme à son prédécesseur, le portefeuille des finances. Si M. Bonnefonds crut de son devoir de ne pas accepter, sa renonciation servira au moins pour témoigner des louables intentions de S. M. l'Empereur. Nous la transcrivons: «Je suis profondément touché de la confiance dont m'honore S. M. sans me connaître; mais je la supplie qu'elle me permette de lui dire, avec une respectueuse déférence, que, dans mon ignorance des hommes et des choses du pays, je ne puis accepter les offres bienveillantes qu'elle a daigné me faire.»

L'Empereur ne se découragea pas et, sur sa demande, M. le conseiller d'État Langlais vint au Mexique. Ses vues furent à l'instant les siennes et, le 30 mars 1865, un décret impérial investit M. Langlais d'attributions supérieures à celles de tous les ministres et presque dictatoriales. Toutes les dépenses furent soumises à son examen, et son plan de réforme à peine présenté fut accepté sans modification aucune et sanctionné par les lois et décrets insérés au Journal officiel le 12 février 1866.

Enfin, après l'irréparable perte de cet éminent homme d'État, S. M. ne désespéra pas encore et demanda à Paris un successeur à M. Langlais. Cette demande resta sans résultat.

Telle est l'exposition succincte et vraie de la conduite observée avec les agents financiers et les hommes d'État que la France a envoyés au Mexique. Nous ferons ici une réflexion. Il ne suffit pas d'avoir un bon financier dans ses conseils, il faut de plus que des perturbations violentes ne viennent pas à chaque instant déconcerter et détruire ses combinaisons. Il ne faut pas surtout qu'une guerre mollement faite et traînée en longueur vienne à chaque instant détruire l'équilibre entre les recettes et les dépenses. Le 13 janvier 1866, l'Empereur écrivait au commandant en chef: «Quant aux besoins des troupes nationales qui se trouvent en partie dépourvues de vêtements et d'équipement, personne plus que moi n'en souffre moralement et physiquement: malheureusement cette guerre intérieure par ses longueurs absorbe à elle seule toutes les rentes de l'État. Je suis cependant résolu à faire tous les sacrifices pour aider à sa fin si impatiemment attendue par l'opinion publique du pays et par la France. Je viens de donner l'ordre qu'on achète des armes et des vêtements partout où l'on pourra.»

On accuse aussi le gouvernement impérial du Mexique de ne pas avoir organisé une armée nationale. Mais ignore-t-on que le commandant en chef était chargé de le faire et investi à cet effet de tous les pouvoirs? Enfin, quand son abstention fut évidente, l'Empereur lui écrivit le 5 Avril 1865 qu'il confiait l'organisation d'une brigade modèle au général comte de Thun, et qu'en conséquence il fallait réunir à Puebla les éléments et les dépenses de cette troupe.

Cela fut exécuté en effet; mais à peine avait-on commencé à la former, que le commandant en chef la dispersa dans trois directions différentes pour faire face aux éventualités de la guerre.

Lorsque plus tard M. le Ministre de la guerre de S. M. l'Empereur Napoléon insista auprès du commandant en chef pour qu'il organisât les troupes du pays capables de protéger les intérêts français après le départ du corps expéditionnaire, le commandant en chef se détermina à entreprendre l'œuvre et demanda à l'Empereur Maximilien qu'il lui donnât de nouveaux pouvoirs illimités pour la mener à bonne fin. La lettre suivante du Maréchal en date du 6 juin 1866 est un témoignage irrécusable. « J'ai reçu la lettre que V. M. m'a adressée le 3 de ce mois et par laquelle Elle daigne investir d'une autorité absolue, pour organiser les bataillons de Chasseurs du Mexique et réorganiser l'armée mexicaine, le général en chef d'État major général et l'intendant en chef de l'armée. J'ai communiqué les intentions de V. M. à M. le général Osmont et à M. l'intendant militaire Friant. J'aurai l'honneur de la tenir au courant des résultats que l'on obtiendra progressivement. »

Les officiers généraux susdésignés se mirent immédiatement à l'œuvre avec un zèle et une intelligence dignes d'éloges. Les officiers et soldats de l'armée française répondirent à leur appel avec une célérité que justifiaient les espérances que l'on avait conçues de la formation de ces nouveaux corps. Déjà plusieurs bataillons de chasseurs étaient armés et équipés, quand arriva la fatale nouvelle du retrait du subside que le maréchal et le ministre de France avaient provisoirement accordé comme absolu et indispensable.

Il ne faut pas se dissimuler que le maintien de ce subside jusqu'à la fin de 1867 est l'unique garantie pour lever cette armée mexicaine, qu'au Mexique selon le jugement de tous, c'est l'unique force capable de protéger les intérêts aujourd'hui gravement menacés des résidents étrangers, et que toute autre solution mettrait en péril, non-seulement leurs intérêts, mais encore leur existence intimement liée à l'existence de l'Empire du Mexique.

Bons sont les arguments, mais ils ne sont pas les seuls que l'on pouvait opposer à ces couleurs évasives. La note française prétend rejeter sur l'Empereur du Mexique les fautes de la France, et nous, les fils du Mexique, nous devons repousser une agression si injuste.

Nous la repousserons appuyés sur des faits qui ressortent de la correspondance de Paris avec ses agents à Mexico. On accuse l'empereur Maximilien d'avoir perdu son temps en ne créant ni finances ni armée. Nous avons déjà dit ce qui s'était passé et cela est confirmé par la dernière note transcrite. Mais nous n'avons pas dit que l'armée et le gouvernement français ont consumé la majeure partie des deux emprunts négociés en France, une bonne part des revenus mexicains et que le gouvernement impérial ne put eu éprouver aucun soulagement pour remplir son trésor. Sur cela, les comptes du ministère des finances n'admettent aucune réplique. Nous avons dit que le chef de l'armée française s'est toujours opposé à ce que le gouvernement impérial eût l'armée mexicaine immédiatement sous ses ordres, comme s'il eût craint de donner à l'empereur Maximilien des forces matérielles et morales. Les opérations des troupes mexicaines furent entravées par M. Bazaine aussi bien que celles de la légion austro-belge. L'empereur du Mexique fit en cela ce qu'il devait, c'est-à-dire, commander en temps opportun, avoir confiance en ceux qui se recommandaient par leur capacité et activer la conclusion des choses importantes. L'accuserons-nous parce que l'inaptitude ou la méchanceté de certaines notabilités financières et militaires n'a rien fait en tant de temps? Sont-ce ces notabilités ou l'empereur qui perdirent un temps dont se plaint la cour de Paris? Le sens commun du lecteur dictera la réponse.

On est surpris et fâché de voir le gouvernement français reprocher à l'empereur Maximilien la politique qu'il a adoptée. Ce n'est pas ici le lieu d'examiner les causes et les effets de cette politique, mais il est très-opportun de dire à ceux qui ne connaissent pas les résultats, que cette politique vraie ou erronée fut celle de l'intervention; et que, lorsque l'Empereur accepta la couronne à Miramar, déjà au Mexique l'intervention avait perdu son prestige en initiant cette politique. Cela se comprendra mieux par les lecteurs d'Europe après cette courte réflexion.

Au Mexique les partis libéral et conservateur n'ont pas le même caractère moral qu'en Europe. Ici il est rare de trouver un homme instruit qui aspire à la monarchie absolue ou à la restauration des vieilles institutions qui en Europe ont encore des défenseurs. Le parti conservateur mexicain défend comme une tradition sacrée la religion catholique, à laquelle le pays doit sa civilisation, l'autorité, la propriété, les droits naturels de la famille, l'ordre, une juste liberté, choses essentielles à la société et qui ont éprouvé des perturbations par les révolutions du pays; il a de la répugnance pour les innovations ecclésiastiques qui ne s'appuient pas sur l'autorité spirituelle. Le parti rouge ou *puro* ne représente pas au Mexique le vieux libéralisme européen, mais bien les idées démagogiques et anticatholiques. Il a introduit par-ci par-là des innovations ecclésiastiques au mépris de l'autorité et des droits de l'Église. Entre les deux partis, il existe un juste-milieu qui n'a pas de caractères aussi tranchés, parce que ceux qui le composent, sans appartenir entièrement à l'un ou à l'autre, ont plus ou moins d'affinités avec l'un et avec l'autre, suivant leur instruction et leur éducation. Tel est le parti modéré, qui compte dans son sein les libéraux les plus proéminents par le talent et l'instruction.

De ces trois partis, le conservateur proclama l'empire sans exception et accepta l'intervention comme appui provisoire. Le modéré prit de suite l'attitude d'observation, mais quand l'Empereur eut fait voir ses idées de progrès et ses efforts pour concilier tous les partis, beaucoup de modérés adhérèrent jusqu'aujourd'hui, le reste se tint passivement à l'écart. Le parti *puro* pour la majeure partie, sauf quelques adhésions, a combattu l'intervention et l'Empire. Ces trois partis ont donné naissance au parti impérial qui soutient l'Empereur. S. M. ne s'est fait le coryphée d'aucun d'eux; son programme a été de se mettre au-dessus des antipathies de tous et de les réunir sous le drapeau commun de l'ordre, de la justice et du progrès.

Avec ces données, les lecteurs d'Europe peuvent juger les reproches que l'on adresse à l'empereur Maximilien à propos des faits relatés plus haut. Sa politique, dit-on, s'est opposée à la pacification, parce qu'en se détournant des amis naturels de l'Empire, il s'est fié à des amis douteux ou à des ennemis déclarés. Or, nos lecteurs ont vu qu'avant l'acceptation de Miramar, déjà Bazaine, pour favoriser certains Français porteurs de titres des biens du clergé intima à la Régence de les mettre en circulation, provoquant ainsi un schisme parmi les Régents et déposant publiquement l'archevêque et le tribunal suprême. De plus, il exigea le renvoi d'un sous-secrétaire de l'Intérieur qui s'opposait à ses empiétements sur l'autorité mexicaine; il obligea aussi la Régence tronquée, à destituer beaucoup de préfets conservateurs et monarchistes qui administraient avec succès les principaux départements: le mâl tourna en préjudice pour la pacification. Un journal français, *l'Estafette*, remarquable par ses idées voltairiennes et par son mépris pour les choses et les hommes du pays, organe de M. Bazaine, ne cessait d'écrire contre les conservateurs, leur attribuant une intolérance féroce, des idées surannées et irréalisables, une haine implacable pour leurs adversaires politiques et toutes les mauvaises qualités que peut avoir un parti, afin de persuader à la Régence et à l'Empereur qu'il les éliminât complétement de sa politique. L'Empereur ne fit point attention à ces instigations d'intolérance qui auraient justifié les reproches actuels de la cour de France. Et quand ces faits sont au vu et au su de tous, ne se sent-on pas rougir en disant que la politique de l'empereur Maximilien a été un obstacle à la pacification. Et l'on ose reprocher à ce prince sa politique, quand il est notoire que S. M., loin de suivre l'intolérance de l'Intervention, place dans tous les emplois publics des hommes de tous les partis!

Mais laissons de côté des faits que les historiens du Mexique raconteront en détail avec leurs ignobles circonstances et fixons l'attention du lecteur européen sur un fait visible et actuel. L'Intervention qui se plaint de la politique négligente de l'empereur

Maximilien n'a plus un seul adhérent dans tout le Mexique. Les rouges n'en ont jamais voulu et quand le chef du corps expéditionnaire, leur donnant pour certaine l'abdication de Maximilien, leur a offert la situation, ils l'ont repoussée avec mépris; les modérés et les rouges impérialistes ont accepté l'Empire, mais jamais l'intervention, et les conservateurs qui l'avaient d'abord acceptée comme alliée et non comme maîtresse, ont depuis 1863 commencé à s'en éloigner et aujourd'hui ils n'en veulent plus. De sorte que l'armée expéditionnaire qui entra dans le pays d'ovation en ovation, en sort aujourd'hui sans être regrettée d'aucun parti mexicain. Au contraire l'empereur Maximilien est parti pour Orizaba et tous les honnêtes gens du pays en ont tressailli; le bruit courut qu'il abdiquerait et s'embarquerait pour Miramar et une terreur panique s'empara de tous, paralysant le commerce, mettant le trouble dans les affaires et produisant un manque absolu de confiance. Dans cette circonstance, les conservateurs et les libéraux ralliés, sauf quelques individus égoïstes et peureux, entourèrent l'Empereur et l'exhortèrent à rester sur le trône, lui persuadèrent de revenir à Mexico et s'efforcèrent de rassembler les moyens pour la conservation du gouvernement et le rétablissement de la paix. Et pendant que les agents du gouvernement français s'obstinaient avec insolence à faire abdiquer Maximilien, ceux que l'on supposait lésés par sa politique, s'efforçaient de consolider son gouvernement et désiraient ardemment le départ du corps expéditionnaire, dont le chef, pour couronner sa campagne, proclamait la république et Juarez et reniait l'Empire et l'Empereur que son maître avait promis de soutenir.

Le bruit de l'abdication fut public à Mexico; on sait que l'Empereur harcelé et assailli par les agents français eut l'idée d'abdiquer. Le mobile de cette intention est exprimé dans une circulaire diplomatique.

S. M. l'empereur Maximilien, en acceptant le trône du Mexique, n'a pas voulu le faire sans s'être préalablement assuré de la volonté

nationale au moyen d'un plébiscite, sans être certain de la coopération de forces alliées qu'intéressait à un haut degré la pacification du
pays, et sans compter sur des ressources supplémentaires extraordi-
naires dont le recouvrement n'était pas alors possible d'une manière
régulière. A cette fin furent passés des traités et des conventions dont
les stipulations garantissaient de la manière la plus solennelle une étroite
et puissante alliance pour assurer la paix. La guerre civile s'est pro-
longée sans doute plus que l'on ne devait raisonnablement espérer, malgré les franches concessions faites par l'Empereur aux dissidents. Pendant que d'un côté les efforts du gouvernement pour lever une armée
souffraient de grands obstacles nés de circonstances particulières, d'un
autre côté, les ressources acquises se consumant par le département de
la guerre, le gouvernement s'est vu obligé de recourir à d'onéreuses combinaisons de crédit à l'extérieur, qui ont augmenté les lourdes charges
du Trésor. Dans cet état de choses, on reçut la nouvelle que S. M.
l'empereur Napoléon, par raison politique, ne pourrait continuer à soutenir l'Empire ni en hommes ni en argent, que les troupes françaises
se retireraient avant l'époque fixée par les traités et qu'à cet effet elle
devaient commencer à se concentrer. Cette concentration avait pour conséquence la désoccupation des villes, villages et lieux à la défense des-
quels ne pouvait subvenir le gouvernement, à cause du manque complet de forces organisées dont il pût disposer; les populations abandon-
nées furent occupées par les dissidents et dans beaucoup de cas par
des bandes de malfaiteurs.

Les opérations des forces alliées se retirant des points les plus importants qu'elles occupaient exclusivement, la nouvelle de leur prochaine
sortie du pays, celle que celui-ci ne serait plus soutenu par la France,
tout cela naturellement rendit courage aux bandes dissidentes et abattit
en proportion les amis et les défenseurs du gouvernement actuel; la
révolution reprit des forces non dues à ses propres éléments, mais à
l'abandon sans défense des localités et à la confiance qu'inspirait aux
ennemis de l'ordre actuel la conviction qu'elles n'auraient plus à combattre les forces françaises; la lutte sanglante s'accrut et la guerre civile marqua ses traces par l'anéantissement des propriétés, l'incendie et
la destruction des centres de population. Au milieu de cette lamen-
table crise, on examinait l'attitude des États-Unis toujours contraire à
la forme monarchique et à une intervention européenne et l'on appré-
nait à S. M. l'Empereur qu'entre le gouvernement français et celui des
États-Unis, on avait commencé des négociations pour assurer une médiation franco-américaine en vertu de laquelle on se promettait de terminer la guerre civile qui a désolé le pays, et que pour en arriver à cette

fin, on regardait comme indispensable que le gouvernement né de cette médiation eût la forme républicaine et l'esprit libéral.

Les espérances du gouvernement basées en partie sur une sincère et ferme alliance avec la France pour consolider l'ordre actuel de choses se voyaient ainsi frustrées; loin d'atteindre la pacification, la guerre civile se prolongeait; les populations sans défense étaient à la merci des dissidents, le sang mexicain coulait sans fruit; on avait épuisé pour le budget de la guerre toutes les ressources; et les négociations que l'on disait commencées pour une médiation franco-américaine admettaient comme base une condition incompatible avec l'existence de l'Empire et l'intégrité du territoire national.

S. M. l'Empereur, après avoir examiné attentivement et impartialement la gravité d'une situation si extraordinaire, crut de son devoir de rendre à la nation le pouvoir qu'elle lui avait conferé, puisque la combinaison projetée pour donner la paix au Mexique excluait la monarchie; et ne devant pas être un obstacle à la réalisation de cette mesure, avec une abnégation plus grande que celle qu'il montra en acceptant le trône, il pensait à le rendre, faisant ainsi un sacrifice sur l'autel de la patrie. Mais ne voulant pas agir, dans une occurrence d'une aussi haute importance, sans l'avis du conseil des ministres et du conseil d'État, il les convoqua dans la ville d'Orizaba où sa santé le retenait depuis quelques semaines. Il soumit à l'examen de ces corps les graves considérations exposées plus haut, et ils délibérèrent que son abdication dans les circonstances présentes, loin de mettre un terme aux maux que l'on déplorait, amènerait assurément la ruine totale du pays et aurait pour conséquence la perte de notre indépendance et de notre nationalité ainsi que la destruction complète de notre race. Dans la consultation, on représenta au souverain que du sang qui se versait, seuls étaient responsables les obstinés qui soutenaient une lutte dans laquelle on disputait pour soutenir les intérêts sociaux et avec eux l'existence de la nation; que, pour défendre d'aussi chers intérêts, on devait exploiter les ressources de tout le pays en organisant indépendemment l'armée mexicaine, en limitant les dépenses militaires qui jusqu'alors avaient été exorbitantes et en faisant les efforts suprêmes que le devoir exige pour le salut de la patrie, sans reculer devant les mesures que réclame la défense naturelle, les considérations de la politique extérieure relativement à la forme du gouvernement que la nation seule a le droit de déterminer. Toutefois le souverain, après cette manifestation de ses conseils, voulut entendre leur opinion sur la solution pratique de diverses questions vitales de politique et d'administration: pour que le sacrifice qu'il faisait en continuant le pouvoir fût fructueux et capable de produire le résultat que l'on désirait.

Parmi ces questions figuraient comme principales: la convocation d'un congrès national sur les bases les plus larges et les plus libérales, auquel prendraient part tous les citoyens, de tous les partis et de toutes les couleurs politiques et qui déclarerait si l'Empire doit continuer; quelle forme de gouvernement la nation adopte pour l'avenir; proposer toutes les mesures opportunes et convenables pour assurer la complète et définitive organisation du pays; la creation de mesures suffisantes pour couvrir le budget du gouvernement et des lois pour un puissant système de colonisation. Les deux conseils ayant reconnu la nécessité de mûrir attentivement ces points vitaux et si importants, le conseil d'État se chargea de les examiner et de proposer les mesures convenables et relatives à chacun d'eux, et S. M., d'après l'avis de ses conseils, s'est résolue à continuer le pouvoir que la nation lui a confié et il s'occupe de poursuivre avec courage et constance l'œuvre de régénération dont il s'est chargé.

Pour instruire la nation de sa décision de convoquer un congrès national, S. M. l'Empereur a lancé ces jours derniers le manifeste que V. E. trouvera au No. 583 du Journal de l'Empire du 6 courant, que je vous envoie et d'un autre côté il a déjà promulgué les lois les plus urgentes pour subvenir aux ressources du trésor et dicté tous les ordres nécessaires pour organiser les corps de troupes qui, aidés par les soldats français dans les lignes qu'ils occupent pendant le temps qu'ils doivent encore rester dans le pays, doivent amener la pacification tant désirée par tous les bons Mexicains.

S. M. l'Empereur a reçu ces jours derniers les assurances les plus explicites de M. le maréchal Bazaine conformément aux ordres de son souverain, qu'il aiderait à la consolidation de l'ordre et de la paix, en aidant la disposition du gouvernement de S. M. pendant la permanence des troupes sur le territoire national.

Tout ce que j'ai l'honneur de communiquer à V. E. par ordre de notre auguste souverain, vous en donnerez connaissance au gouvernement auprès duquel vous êtes accrédité vous autorisant à donner lecture de cette note au ministre des affaires étrangères et à lui en laisser copie s'il le désire.

Le sous secrétaire du ministère des affaires étrangères, chargé du portefeuille, J. N. de Pereda — à S. E. l'envoyé extraordinaire et ministre plénipotentiaire de l'Empire à . . . .

Mais quand l'Empereur vit que le pays pouvait se soutenir avec ses propres ressources, sa résolution fut fixée et il l'exprima dans un court manifeste.

Mexicains,

Les circonstances si graves qui touchent au bien-être de notre patrie et qui disparaissent devant nos malheurs domestiques, ont provoqué dans notre esprit la conviction que nous devions vous rendre le pouvoir que vous nous aviez confié.

Nos conseils des ministres et de l'État convoqués par nous ont été d'avis que le bien du Mexique exigeait que nous restassions au pouvoir. Nous avons cru de notre devoir d'accéder à leurs instances, en vous annonçant tout à la fois notre intention de réunir un congrès national sur les bases les plus larges et les plus libérales, auquel participeront tous les partis. Ce congrès déterminera si l'empire doit continuer dans l'avenir, et, au cas affirmatif, concourra à la formation des lois vitales pour la consolidation des institutions publiques du pays. Dans ce but, nos conseils se préoccupent actuellement de nous proposer toutes les mesures opportunes, et, en même temps, font les démarches nécessaires pour que tous les partis se prêtent à un arrangement sur cette base.

En conséquence, Mexicains, en comptant sur vous tous sans exclusion d'aucune couleur politique, nous nous efforcerons de poursuivre avec courage et constance l'œuvre de régénération que vous avez confiée à votre compatriote

MAXIMILIEN.

Orizaba, 1er octobre 1866.

C'est pourquoi S. M. revint à Mexico, leva des troupes, organisa ses finances, établit l'économie et l'ordre dans l'administration, tout cela seulement avec la coopération des militaires, publicistes et financiers mexicains et dans le bref espace de peu de mois.

Pendant que les agents français croyaient à Mexico à la fuite et à l'abdication de l'empereur Maximilien et allaient jusqu'à fixer le jour de cet étrange événement, arrivaient à Vera-Cruz MM. Campbell et Sherman, sur la foi sans doute des Montholon et des Dano, et peu s'en fallut qu'il n'éprouvassent la désallusion d'assister aux fêtes que célébraient les Veracruzains pour applaudir à la résolution qu'avait prise notre empereur de continuer son gouvernement malgré le départ de l'intervention. Ces personnages, en voyant les faits, s'en allèrent peu enchantés des prédictions faites par les diplomates français.

XII.

Après que la cour de Paris eut été réprimandée par le président des États-Unis de ce qu'elle ne retirait pas ses troupes, elle n'eut plus d'autre pensée que leur évacuation coûte que coûte. Depuis lors, peu lui importa de consolider un gouvernement qui offrît des garanties aux intérêts des Européens, ni d'affermir un trône qu'elle se glorifiait d'avoir élevé. Tout ne lui a semblé rien, en présence d'une passe d'armes avec les États-Unis. Mais il y avait une chose qui ne pouvait passer inaperçue, c'est la dette française. Quand l'opposition criait en France contre l'expédition du Mexique, les orateurs et les écrivains de Napoléon disaient: taisez-vous, vous ne savez ce que vous dites, vous ne comprenez ni la grandeur ni la portée de l'entreprise; l'Empereur seul, dont le génie est sans égal, sait la richesse et la gloire qu'acquerra la France dans cette expédition: espérez et un jour viendra où vous serez étonnés et de la chose et de l'opposition que vous lui faites.

Il fallait après ces annonces et ces promesses, qu'à son débarquement à Toulon ou à Brest l'armée emportât avec elle une obligation de payer la dette française. C'est pourquoi son gouvernement employa tous ses efforts à tirer de nos pauvres revenus nationaux le montant de la dette vieille et nouvelle, quoique ce fût en laissant le trésor du pays dans une extrême pénurie. Le moyen employé pour retirer ses troupes aussi vite que possible et tout notre argent fut le renversement du traité de Miramar. A cet effet, il donna l'ordre au ministre de France, M. Alphonse Dano, de faire une nouvelle convention avec l'empereur Maximilien, par laquelle le Mexique déléguait à la France cinquante pour cent sur le revenu des douanes maritimes de l'Atlantique et vingt-cinq pour cent sur celles du Pacifique. Mais, comme déjà les premières étaient grevées de 49 % et les secondes de 65 % pour d'autres dettes extérieures, il en résultait que le Mexique ne pouvait percevoir que un pour cent sur les douanes maritimes du Golfe. On ne pouvait accepter une proportion si excessive sans compenser un pareil sacrifice. Le plénipotentiaire français offrit en effet de la part de son gouvernement qu'en échange d'une obligation si coûteuse, l'Empereur s'obligeait à négocier un troisième emprunt et à pacifier complétement le territoire mexicain. Cette promesse était de nature à compenser l'absorption de nos revenus: mais voici encore une des plus grandes fautes de la cour de Paris.

L'Empereur du Mexique nomma un plénipotentiaire pour s'entendre avec M. Dano sur la convention projetée, lui conférant, selon l'usage diplomatique, pleins pouvoirs sans clause spéciale qui impliquât renonciation à aucune des attributions souveraines de Maximilien Ier et portant d'une manière claire et précise que la convention serait sujette à l'acceptation et ratification du souverain. Sur cela, il est bon de connaître un mémoire que Napoléon envoya avec une lettre de Bazaine.

Le plénipotentiaire du Mexique fut Don Luis de Arroyo, sous-secrétaire au département des affaires étrangères. Après la reconnaissance mutuelle des pouvoirs de MM. Arroyo et Dano, on entra en matière sur l'objet de la convention: on exigea que le gouvernement mexicain souscrivît à ce qui a été publié depuis dans les journaux français de Paris et du Mexique. M. Arroyo signa, non parce que cela lui paraissait utile, mais bien parce qu'il croyait à la pacification et au troisième emprunt compensateur d'une si énorme charge et toujours sous réserve de la ratification par son souverain.

La cour de Mexico envoya à son ministre à Paris des instructions explicites pour expliquer son désaccord relativement à la convention, proposant de déléguer 50 % sur les douanes du golfe et 25 % sur celles du Pacifique, calculés, non sur la totalité des droits, mais bien sur la part libre qui restait au Mexique, prélèvement fait des obligations internationales antérieures. Le gouvernement de Paris persista dans son projet et fixa le 1er novembre 1866 pour l'exécution du pacte, se prévalant d'un article qui lui donnait cette faculté et déclarant suffisante pour la validité du contrat la satisfaction seule de l'Empereur Napoléon III.

XIII.

On vit avec une surprise incroyable que ce souverain, au lieu de faire quelque chose pour pacifier le pays, selon qu'il avait promis, ordonnait de concentrer toutes les forces françaises de Mexico à Vera-Cruz et se préparait à sortir d'ici. S'il y eut quelque lenteur dans l'embarquement, ce fut par crainte d'affaiblir le corps d'armée et d'exposer les derniers à être mis en déroute et faits prisonniers par les dissidents. Il fut donc conclu qu'en mars 1867 tout le corps expéditionnaire partirait ainsi que cela va arriver. On sait en Europe que le troisième emprunt n'eut pas lieu. Ces faits et la ténacité des agents français à faire abdiquer notre souverain, leur affliction et leur déception à mesure que S. M. se montrait plus résolue de rester, tout cela montre que la cour de France faisait défection à sa cause favorite de l'Empire du Mexique, sans qu'il soit besoin de croire que certains agents aient demandé aux chefs juaristes protection pour leurs compatriotes et garanties de la dette ainsi que le bruit en a couru.

Les Mexicains ont vu et les Européens peuvent témoigner l'effet que ces choses devaient produire dans le pays. Les bataillons français se retirant devant un ennemi qui les insulte et les harcèle; les résidents français, compromis et abandonnés par leur gouvernement, fuyant en masse se réfugier au cœur de l'Empire; les Juaristes, fréquemment mis en déroute par leurs compatriotes impérialistes, poursuivant une arrière-garde de soldats français; les populations étonnées de ce changement subit; l'ébranlement du pays et le scandale produit par une défection de cette nature. Pauvres soldats français, si braves et si disciplinés! faire une aussi triste figure!

La tranquillité commença à renaître quand l'Empereur annonça sa résolution de ne pas abdiquer et son intention de s'en référer au vote d'un congrès national, et lorsque les monarchistes les plus éminents se réunirent pour affronter la situation que les généraux mexicains de la plus grande renommée saisirent leur épée pour défendre l'ordre et qu'enfin les populations se résignèrent sous le pouvoir de Juarez et sans rétracter leurs votes de 1863 et 1864. L'orgueil national mexicain s'est senti flatté de voir à Mexico la contenance de la cour et de l'armée française.

Loin de nous de vouloir juger la nation française d'après ces ignobles événements; nous comprenons trop l'immense différence qu'il y a entre les hommes d'un cabinet et toute une nation. Les erreurs de Napoléon et des siens ont compromis l'honneur de la France, mais elles ne sont pas l'œuvre de celle-ci. Les antipathies que les gens de l'intervention se sont attirées au Mexique ne touchent en rien aux bons et nobles Français qui, comme nous, regretteront l'inqualifiable conduite de cette intervention. L'empereur et le peuple du Mexique ont hautement montré leurs sympathies pour les Français blessés dans leurs intérêts par leur propre gouvernement: ainsi le prouvent la lettre au ministre de Fomento et l'ordre du jour à l'armée.

Mon cher ministre de Fomento,

Les bouleversements politiques qu'a soufferts et souffre actuellement le Mexique, ont eu pour conséquence la ruine complète d'innombrables familles étrangères, spécialement de nationalité française, lesquelles se trouvent dans la position de ne pouvoir profiter de l'invitation que leur fait la légation française de retourner dans leur pays natal avec le corps expéditionnaire.

Je désire soulager autant que possible le sort de ces personnes en leur offrant les moyens de se créer un foyer domestique parmi nous par la facilité d'obtenir des terrains qu'elles puissent coloniser.

Je vous recommande donc de me proposer les moyens propres à remplir cet objet.

Recevez l'assurance de la bienveillance de votre affectionné

MAXIMILIEN.

Palais de Mexico, 26 janvier 1867.

ORDRE DU JOUR
DE L'EMPEREUR A L'ARMÉE.

Généraux, chefs, officiers et sous-officiers de notre armée nationale:

Il y a parmi vous beaucoup de dignes militaires qui ne virent pas au Mexique la lumière du jour pour la première fois, mais qui sont Mexicains par adoption et par sentiment. Nous désirons ardemment que la plus parfaite fraternité règne entre les indigènes et les fils adoptifs; qu'ils partagent unis les fatigues de la campagne, le péril des combats et les douceurs de la paix. Nous vous conjurons tous de le faire, car il nous serait pénible de réprimer le manque d'harmonie, manifesté non-seulement par des faits, mais par des paroles qui pourraient blesser la susceptibilité de ceux qui sont aujourd'hui nos frères: Je leur fois à eux-mêmes la même recommandation, et je ne doute pas que nous serons en tout satisfaits les uns comme les autres.

L'armée française regagne sa patrie; mais une partie considérable des fils de la noble France reste parmi nous. Les uns occupent des postes dans notre armée nationale, après nous avoir servis dans celle de leur pays; d'autres se sont voués au commerce, à l'industrie et aux arts. Nous devons ressentir l'obligation de veiller avec un soin scrupuleux à ce que les premiers ne rencontrent aucun motif de dégoût parmi leurs compagnons d'armes en échange de leur abnégation à rester au Mexique de préférence à leur patrie; nous devons faire la même chose pour les autres, afin que leurs personnes et leurs intérêts n'aient pas à souffrir. C'est tout particulièrement que nous vous conjurons d'accomplir notre intention.

MAXIMILIEN.

Palais impérial, 26 janvier 1867.

Ces soldats vaillants et aguerris qui ont si bien fraternisé avec notre peuple emportent toutes nos sympathies, et ce n'est pas à eux que s'adresse notre censure. Ceux qui restent parmi nous n'auront pas à se repentir de notre vie commune: car s'ils se sont faits nos compatriotes et nos soldats, en nous ils ont rencontré des frères.

XIV.

Quoique, dans l'expédition du Mexique, la cour de Paris eût pour but principal de s'opposer à l'agrandissement du Nord-américain, en dernier lieu et par suite de la colère de M. Johnson, elle fit avec ce dernier un certain arrangement qui se reduit à trois points: le départ de l'armée française dans un bref délai, faire place à la république que cette armée avait aidé à détruire, enfin supplier qu'on eût pitié des sujets français et des partisans de l'intervention. Cet arrangement présuppose l'abdication de Maximilien, et comme elle n'a pas eu lieu et qu'on l'avait inutilement annoncée, M. Seward adressa à la cour des Tuileries une nouvelle et plus dure représentation; alors l'évacuation devint de plus en plus urgente.

Les agents français imaginèrent alors un gouvernement éphémère composé de personnes qui avaient été attachées à l'intervention et qu'ils devaient soutenir seulement le temps de mettre en vigueur la convention des douanes maritimes. Quelques-uns se fussent peut-être laissés prendre à cette idée; mais l'universalité des impérialistes, conservateurs ou libéraux, ne donna pas dans le panneau; c'est pourquoi reste irrésolue la question financière entre le Mexique et la France.

Après avoir failli aux obligations contractées à Miramar, le cabinet des Tuileries jouit-il d'un droit plénier pour exiger toutes les indemnités convenues avec l'Empereur du Mexique? Si la convention des douanes n'est pas ratifiée par les deux souverains, l'obligation doit-elle retomber sur les deux peuples? Doit-on l'accomplir, si les promesses antérieures ne l'ont pas été? Et lors même qu'elle serait ratifiée par les deux souverains, serait-elle obligatoire pour le peuple mexicain quand on abandonne si inopportunément la pacification du pays et que l'armée expéditionnaire se retire en masse devant l'ennemi? Les dommages que certains chefs et certaines troupes françaises ont occasionnés à nos nationaux n'ont-ils pas droit à une indemnité et ne doivent-ils pas entrer en ligne de compte dans cette liquidation? Comment pourra-t-on accomplir la convention des douanes lorsque celles-ci ont été par l'armée expéditionnaire remises aux mains des Juaristes qui ne veulent pas reconnaître une seule piastre de la dette française? car la douane de Tampico ne fut-elle pas remise solennellement aux mains des Juaristes par le corps expéditionnaire? Les agents français oublièrent tout cela et, jaloux de leurs droits autant que méprisant les obligations de leur gouvernement, les voilà s'emparant de la douane de Vera-Cruz, en caissant ses revenus et voulant étendre leur main jusque sur la douane intérieure de Mexico. Leurs menaces s'évanouirent devant le bon sens du commerce national et étranger qui sembla s'entendre avec le gouvernement impérial pour ne pas se précipiter sur la pente qu'on lui traçait. Une seule maison, celle du Nord-américain Lhose, eut recours aux forces françaises pour enlever ses marchandises déposées à la douane de Mexico, et il réussit avec une escorte de Bazaine.

XV.

Nous n'achèverons pas cet opuscule sans dire à nos lecteurs d'outre-mer la part de gestion que prirent et prennent encore les chefs de l'intervention dans le gouvernement du Mexique, au mépris de leur mission et du traité de Miramar. Supposée l'idée que la cour de Paris eût l'intention de détruire le gouvernement de Juarez pour lui en substituer un autre; s'il devait être monarchique, il était naturel que le commandant en chef s'ingérât au commencement dans les affaires politiques. Mais, une fois établi le gouvernement provisoire, puis la Régence, puis enfin le trône de l'empereur Maximilien, aucune autorité gouvernementale ne devait être entre les mains du chef de l'armée alliée. Le maréchal Forey accomplit sa mission; dès que le gouvernement mexicain exista, il s'abstint de toute affaire politique et il remit aux autorités respectives toutes les affaires qui arrivaient entre ses mains. Le gouvernement de la Régence et le gouvernement provisoire trouvèrent en M. Forey un appui loyal et une tutelle bénévole. Nous sommes heureux de rappeler ces faits honorables du digne maréchal qui a laissé au Mexique d'agréables souvenirs.

Les désordres que Bazaine et Budin avaient provoqué en 1863 dans le gouvernement mexicain poussèrent l'empereur Maximilien à introduire dans le traité de Miramar que le chef de l'armée ne se mêlerait en rien du gouvernement mexicain, et la convention que les opérations militaires seraient combinées d'accord entre le chef de la nation et celui de l'armée. Bazaine a désobéi à ces deux ordres: car lui et ses subalternes se sont arrogé l'autorité du pays, et rarement le maréchal a communiqué à l'Empereur ses plans de campagne: or, ce n'est pas celle-ci, au dire des praticiens, qui peut jeter un grand lustre dans les annales militaires de la France. Souvent l'Empereur fit remarquer au maréchal les erreurs de celui-ci et lui en proposa le remède; mais c'était en vain, car Bazaine n'en faisait qu'à son bon plaisir et jamais n'exécutait ce que proposait l'Empereur. La correspondance de S. M. avec le maréchal prouve l'insubordination de ce dernier.

L'opposition dédaigneuse aux autorités nationales de la part du maréchal et de certains chefs français a été jusqu'à l'emprisonnement; fréquemment on a vu les autorités des communes arbitrairement traitées, sans tenir compte et en foulant aux pieds les lois du pays; et il n'est pas rare d'avoir vu les commandants français mettre à l'amende des habitants innocents des faits dont on les accusait et l'amende dans leur poche, de plus arrêter, incarcérer et même fusiller des Mexicains pacifiques, auxquels on ne pouvait rien reprocher, et cela sans que l'autorité du pays en fût prévenue le moins du monde. Malgré ces excès, nous ne sachions pas que ces pressions et châtiments aient eu un bon effet. On ne doit donc pas être surpris de l'abaissement moral du corps expéditionnaire après le départ du maréchal Forey.

Récemment encore, et dans une forme honteuse, les agents français annoncèrent, dans l'Ère nouvelle, que l'intervention avait complétement cessé et qu'ils ne restaient dans le pays qu'au titre de gens qui passent; toutefois ils emprisonnèrent des autorités et des citoyens mexicains, exigèrent la liberté de prévenus de conspiration, supprimèrent les journaux impérialistes, foulant ainsi aux pieds les lois mexicaines de la manière la plus ridiculement pitoyable.

Graves sont les fautes que nous venons d'esquisser; mais il en est d'autres que nous relaterons pour terminer. Nous ignorons si c'est par coïncidence ou par suite des victoires de la Prusse que la cour des Tuileries se mit en hostilité ouverte avec celle de Mexico. Toujours est-il que, depuis le mois de Juillet 1866, le maréchal Bazaine, sans avis préalable à l'empereur Maximilien, abandonna les frontières, les principaux ports et les capitales des départements, non-seulement en les laissant sans garnison, mais en ne permettant pas qu'on y en plaçât. Il enleva les armes achetées par les populations sans les rendre au gouvernement impérial, refusa un facile secours aux villages menacés par les dissidents, donna des sauf-conduits à certains ennemis déclarés de l'Empire, entra en relation avec des chefs juaristes, retarda de fait l'armement du Mexique qu'il avait d'abord immédiatement offert, inutilisa une partie de notre matériel de guerre, brûla et noya presque tout l'arsenal français au lieu de le rendre au gouvernement mexicain. Ainsi, le chef du corps expéditionnaire, qui vint soutenir l'Empire selon le traité de son souverain brisa le pacte de ce dernier par son ordre, déserta sa cause et se retira sans obtenir ni pardon ni salut de Juarez dont l'éphémère pouvoir n'est pas même reconnu par tous les gens de son parti. Tel est jusqu'aujourd'hui l'effet politique de l'expédition dans laquelle Napoléon III fondait tant de gloire pour son règne.

Dans peu de jours, l'armée expéditionnaire aura touché la France; toutes les classes et toutes les parties de la nation l'interrogeront sur cette campagne. On racontera de prodigieux exploits. Mais

quel est le fruit de ces exploits? Les Français patriotes diront:
Vous êtes allés arrêter l'accroissement des États-Unis, et vous avez
eu peur d'eux; vous êtes allés garantir les intérêts de l'Europe,
et vous les avez laissés plus incertains qu'avant; vous êtes allés
défendre les intérêts de la France, et vous les laissez dans une
position pire que jamais; vous êtes allés élever sur le pavois l'influence française au Mexique, et vous la laissez anéantie et le nom
français méprisé. Apportez-vous au moins l'argent de la dette pri-
mitive? Non. — Elle est sans doute en voie de paiement? pas
d'avantage — Qu'avez-vous donc gagné pour la France dans cette
campagne de cinq ans? A quoi avez vous dépensé tant de millions
de francs et pourquoi avez-vous répandu tant du sang de nos
fils? La réponse appartient au chef de l'expédition et au gouvernement français, mais peut-être l'histoire répondra-t-elle et pas
plus tard. Les résultats de toute cette expédition sont: les États-
Unis plus forts, les Mexicains plus divisés, les intérêts français
plus compromis, l'influence de la France annulée dans le Nouveau-
monde, sa dette plus grande et ses armes moins respectées. Maintenant, vous rentrez chez vous sans argent et sans gloire. — Triste
expédition! — Mais n'en rejetez pas la faute sur l'armée; pensez
à son Empereur et à ses principaux chefs.

XVI.

Nous avons écrit sans passion; nous n'avons fait que relater
ce qui résulte de documents indiscutables et ce qu'ont vu des
millions de Mexicains et d'étrangers. Le cadre que nous nous
étions tracé n'est pas flatteur pour l'orgueil français, nous ne le
regrettons que trop; car si c'est la honte pour la cour de France,
c'est le malheur pour le Mexique. Sans doute beaucoup de fautes,
ont été commises, mais elles ne viennent ni de l'empereur Maximilien ni des Mexicains, les Français sauront quels sont les coupables.
Maximilien n'a pu éviter tous ces maux, malgré le redoublement de

ses efforts pour les empêcher ou les réparer. Il n'a pu éviter qu'une chose et il l'a fait, c'était de ne pas compromettre sa responsabilité et son honneur. Les agents français désiraient avoir quelqu'un sur qui jeter la faute de leur incapacité, ils auraient voulu voir fuir du Mexique l'empereur Maximilien avec ou sans abdication; alors une brillante occasion s'offrait à eux de le charger de tout le mauvais succès de l'expédition française; mais toutes leurs finesses et leurs manœuvres ont été vaines. Maximilien, fidèle à sa mission, à son pacte avec les Mexicains, indemne de toutes les fautes, à résolu de gouverner jusqu'au jour où la nation dûment représentée dira si l'Empire doit exister ou non. Que l'Empereur conserve ou non sa couronne, il conservera assurément l'honneur. Et s'il parvient à fonder au Mexique un gouvernement stable, il aura accompli l'œuvre glorieuse que la cour de France imagina, mais qu'elle ne sut pas réaliser.

IMPRIMERIE DE F. A. BROCKHAUS A LEIPZIG.